MANIFESTE APOLOGETIQVE,

Pour la Doctrine des Religieux de la Compagnie de Iesus.

Contre vne pretenduë Theologie Morale, & d'autre Libelle diffamatoire, publiez par leurs Ennemis.

Par le P. PIERRE LEMOI de la mesme Compagnie.

A PARIS,

M. DCXLIV.

ADVERTISSEMENT.

CE Manifeste pouuoit pareſtre auec l'Apologie que le P. Cauſſin vient de donner au Public. Mais on a crû que deux Tenans ne deuoient pas entrer en meſme temps en la Carriere. Cette concurrence euſt apporté de la confuſion au ſpectacle; & les iuges occupez à remarquer la diuerſité des couleurs & des annees, euſſent partagé l'attention qu'ils doiuent tout entiere au combat, & à la iuſtification de l'innocence, pour laquelle il eſt entrepris.

L'Apologie a tres-bien faict, & les voix de tous les Spectateurs deſintereſſez ont eſté pour elle. On eſpere que le Manifeſte qui luy ſuccedera ſon deuoir: & s'il n'eſt couronné pour ſa valeur & pour ſon adreſſe; il pourra l'eſtre au moins pour son obeyssance. La Victoire a des Couronnes de plus d'vn prix & de plus d'vn estoffe : elle en a pour la vertu qui commence, & pour la vertu qui est consommee. Le premier dessein estoit de le produire, accompagné d'vne réponse precise & ponctuelle à la pretenduë Theologie Morale qu'on nous impute. Neantmoins on a iugé depuis, qu'il estoit plus à propos de le faire paroistre separément : & qu'il valoit mieux prendre par interualle la patience du Lecteur, que si d'abord on l'épouuentoit par la montre d'vn gros volume.

Nous n'affectons point de multiplier les liures. quelque droict que nous ayons, & quelques auantages que nous puissions esperer, vn ennemy gagné & conuerty, nous apporteroit plus de ioye que douze vaincus : & il n'y a point de repos si peu honorable, que nous ne preferassions à ces combats, ou toutes les victoires sont à pleurer, & la charité ne peut que difficilement euiter d'estre blessee ou par ceux qui attaquent, ou par ceux qui se defendent.

Aussi nous auous souffert iusque à cette heure, pour l'espargner : nous n'auons pris les armes qu'à regret, & apres vne patience accusee de duretez & soubçonnee de conuiction: encore n'auons-nous pris que l'Apologie & le Manifeste, qui sont des armes purement defensiues; & auōs laissé à nos aduersaires, les inuectiues qui tirent le sang, & les Satyres qui empoisonnent. Et en cét endroit on a trouué à propos de preuenir le Public, & l'aduertir de bien reconnoistre les Escriuains & les liures qui paroissent sur les rangs, &

prennent party dans ce temps de diuision, ou la Controuerſe a mis vne ſeconde guerre dans l'Eſtat ; & les mauuaiſes plumes ſi elles ne ſont reprimees, pourroient faire plus de mal que tous les Canons des ennemis. Il en pourroit venir, qui deffendans la verité auec plus de zele que de diſcretion, & hurtans ſans reſpect les Particuliers & les Communautez ; attireroient ſur nous la haine des vnes & des autres: & nous incommoderoient plus par cette ſorte de ſes cours tumultuaires, & mal menagé que ne feroit tous nos aduerſaires par vne attaque ouuerte & generale.

Cela nous oblige à declarer icy, que tous ceux qui ont cours, & qui courent encore ſans nom, & ſans adueu de noſtre Compagnie, ne ſont pas ſortis de chez nous: Et dés à preſent nous deſauoüons tous les inconnus & les deguisez, qui paroistront à l'aduenir, quelque zele qu'ils ayent, & quelque cause qu'ils defendent.

Certainement il ne seroit pas iuste que nous fussions loüez des combats d'autruy ; & qu'on nous donnast la Couronne des victoires que nous n'aurions pas gagnez. Mais il seroit bien iniuste aussi que nos mains fussent accusees de tous les coups qui sont tirez par nos amis & pour nostre deffense, & que ceux qui pourroient estre frappez dans vn tumulte general, & par des personnes masquees nous voulussent faire les Autheurs du desordre, & se prissent à nous de leurs blessures. Il y a du zele & de la doctrine ailleurs que chez nous : la verité n'est pas si delaissee auiourd'huy, qu'elle ne se puisse deffendre que par nos mains & auec nos armes.

MANIFESTE APOLOGETIQVE POVR LA DOCTRINE DES PERES IESVITES.

Contre vne pretenduë Theologie Morale, & d'autres Libelles difamatoires, publiez par leurs Ennemis.

PREMIERE PARTIE. Section I.

De la Necessité & du Dessein de ce Manifeste.

IL y a plus de six mois, que toute la ville voit auec scandale, vne Effrontée qui court sous le nom d'vne Religieuse, Ie parle ainsi de la Calomnie, qui a paru sous le titre de Theologie, & de Theologie Morale des Iesuites. Certainement le nom de Theologie est Saint & Venerable : mais la Calomnie qui l'a vsurpé ne pouuoit estre plus impudente, ny plus scandaleuse. Nous l'auions méprisée iusques à cette heure : Et tous les Sages qui l'ont veuë, auoient iugé, qu'on la pouuoit bien laisser courir impunément, & qu'elle estoit trop sale pour seduire personne. Cette saleté pourtant n'a pas empesché qu'elle n'ait esté receuë en plusieurs maisons : le mépris que nous en auons fait a augmenté son impudence:& se croyant fort déguisée auec vn masque de papier, & des lambeaux mal cousus & soüillez de bouë; apres s'estre presentée effrontément à toutes les portes, elle est en fin sortie de la ville, & aujourd'huy elle court les Prouinces.

Nous serions contables du scandale qu'elle donne, & des desordres qu'elle peut faire, si nous ne l'auions arrestée. Et quand nous ne voudrions pas considerer nostre reputation, qui est vn Bien public où le Prochain que nous seruons a vne moitié que nous sommes obligez de luy garantir; encore deurions nous preuenir les méprises dangereuses qui en peuuent arriuer : & desabuser les Ignorans & les Simples, qui pourroient se perdre de bonne foy, en suiuant vne Scandaleuse, qui a pris nostre nom, & qui fait acroire qu'elle est sortie de chez nous. Le bruit que Caton auoit d'aimer le vin, fit tous les yurongnes de son temps : sa reputation estoit la raison commune & l'authorité publique de toutes les débauches. & l'Intemperance ne craignoit à Rome ny la censure, ny l'infamie, ayant pour soy l'exemple d'vn Magistrat & d'vn Stoïque.

La pretenduë Theologie morale imputée aux Iesuites est dangereuse, & donne lieu à de grands scandales.

Ce nous seroit veritablement vne douleur bien sensible, & nostre propre reputation nous seroit à charge & odieuse, s'il arriuoit que le Vice & l'Erreur la tirassent à de semblables vsages : & qu'il y eust des gens si dangereusement persuadez de nostre sçauoir & de nostre probité, qu'ils crûssent pouuoir former leur conscience, sur la pernicieuse doctrine que la Calomnie nous a imputée. A Dieu ne plaise qu'il s'en trouue d'assez simples & d'assez ignorans pour aller iusques là : pourtant le Compilateur de cette belle Theologie Morale en a ouuert le chemin, & a donné vn Guide qui y mene.

Elle a violé l'honnesteté publique.

En quoy certes, outre qu'il est coupable de tous les dangers ausquels il a exposé l'Innocence du Peuple : il a violé l'Honnesteté publique, & soüillé la pudeur des yeux & des oreilles, en découurant sans respect & sans besoin apparent, des questions secrettes, que les

Maiſtres de l'Ecole traittent ſi religieuſement & quaſi auec ſcrupule, pour l'inſtruction de ceux qui ont à gouuerner les Conſciences. Quoy que die la derniere Requeſte de l'Vniuerſité, le P. Bauny n'eſt pas tombé dans vn pareil inconuenient, ny n'a donné lieu à de ſemblables deſordres: & c'eſt à faux & ſans fondement, que ſes Accuſateurs luy veulent faire vn crime de la Somme des Pechez qu'il a publiée en noſtre langue. Le Prieur Milhard de l'Ordre de Sainct Benoiſt, le Docteur Benedicti Cordelier, vn Preſtre nommé Bertaud, & le Traducteur de Villalobos, ont fait le meſme que luy, & ſont en meſme cauſe: & neantmoins parce qu'ils ne ſont pas Ieſuites, ils n'ont point d'Accuſateurs, & il ne s'eſt point vû de Requeſtes laſchées contre leur honneur. Mais le procedé du P. Bauny eſt aſſez innocent d'ailleurs, & n'a pas beſoin qu'on le iuſtifie par ces exemples. Ce n'a pas eſté par indigence, ny par vn vain deſir de paroiſtre, qu'il a eſcrit en noſtre langue: il a eſté trop long temps du Pays Latin, & y a fait de trop bonnes habitudes: les autres Ouurages qu'il a donnez au Public, monſtrent bien qu'il ne s'eſt pas oublié de Ciceron parmy les Theologiens & les Canonistes : & d'ailleurs cette Somme des Pechez n'estoit pas necessaire à sa gloire. Son inclination fut vaincuë en cela par l'authorité d'vn Prelat, qui luy arracha comme par force la plume Latine de la main : & luy commanda de donner aux Prestres de son Diocese cette Somme Françoise, qui leur fust comme vne Bibliotheque d'vn volume, & vne Ecole abbregée & domestique. Il l'a declaré luy mesme en la premiere Edition de ce liure : & quand cela ne seroit pas, la cause est bien differente, d'vn Instructeur qui a escrit religieusement, & auec vne pudeur respectueuse, & resserrée dans les matieres necessaires à l'instruction des Prestres ignorans : & d'vn Calomniateur qui a choisi par dessein les matieres les moins honnestes & les plus sujettes à scandale, & en a fait vne Satyre qu'il a exposée en Public, sans respect, sans voile, & auec des marques d'infamie.

Chaque Science a des secrets qui ne doiuent pas estre publiez.

La Theologie a son Sanctuaire & ses Paruis : la Philosophie a son Cabinet & ses Sales : chaque Science a ses secrets & ses mysteres domestiques, qui ne peuuẽt estre publiez vtilemẽt ni auec biẽseance.

Et en verité n'aurions-nous pas vne fort honneste Iurisprudence, vne chaste Medecine, & vne pudique Chirurgie, si des questions particulieres que les Docteurs de ces professions traitent en leurs Escoles, il se faisoit des Extraits scandaleux, & des Rapsodies de mesme tissure que cette pretenduë Theologie Morale? Et apres cela encore, si on les crioit sur le Pont neuf auec les Gazettes, si on les exposoit au Palais auec les Romans & les Comedies, ces belles Sciences n'en seroient-elles pas bien honorées, & le Public ne receuroit-il pas vne grande instruction d'vn si modeste spectacle?

Mais le hazard des ames que ce Recueil d'impostures expose à des chuttes dangereuses, est bien d'vne autre consequence, & nous touche bien plus viuement, que la bien-seance publique qui en est violée. Et c'est ce qui nous a fait resoudre à éclaircir le Peuple de la verité de nostre Doctrine; & à démasquer la Calomnie, cette Coureuse effrontée, qui a pris nostre nom pour nous deshonorer, & pour abuser les Simples. Nous dissiperons aussi par mesme moyen, les faux bruits qui se sont épandus sur des Requestes qu'on a presentées contre nous, *Requestes de l'Vniuersité contre les Iesuites.*

& qui ont esté portées solennellement & en pompe de porte en porte ; comme si l'on eust inuité toute la ville aux funerailles de nostre Renommée.

Ce Manifeste iustifie les Iesuites sans offenser personne.

Et en cet endroit, auant que de passer outre, il faut auertir le Lecteur, que cette Iustification qu'on luy donne, n'est pas vne Apologie satyrique, ny vne Inuectiue déguisée en Manifeste. Toute sorte d'armes ne sont pas permises aux Sages: & il y en a de si décriées, que l'Innocence mesme ne s'en seruiroit pas innocemment & sans crime. Nous laisserons le venin aux Serpens échauffez: nous laisserons les dents & les griffes aux Bestes irritées: & nous souuiendrons que la Colombe ne se defendant qu'auec ses aisles, la Charité dont elle est la figure, ne sçauroit auoir bonne grace à égratigner & à mordre, Ce n'est pas que nous ne le puissions faire aussi bien que ceux qui se sont iettez sur nous. Les Roses les plus douces ont bien des espines: & la Colombe mesme selon le mot de l'Escriture, a quelquefois des coleres dangereuses. Mais cette façon d'escrire, n'est ny de mon humeur, ny de l'Esprit du Corps où il a plû à Dieu me donner place. Certes si les guerres des Philosophes doiuent estre toutes tranquilles, & se faire auec moins de chaleur que de lumiere, & auec plus de raison que de bile; il est bien vilain de voir des Ecclesiastiques, qui ne sçauroient dire deux paroles sans mordre quatre fois; ny employer vne goutte d'ancre, sans y mesler du fiel & du venin. Nous defendrons nostre innocence sans blesser personne: Et dans les Calomnies mesmes qu'on nous impose, nous respecterons les secrets desseins de Dieu, comme Dauid les respectoit dans les pierres qui luy estoient jettées. Et afin de proceder clairement & auec methode, & d'auoir encore cela de la verité qui est lumineuse & ordonnée, ie commenceray par les causes & les pretextes de cette guerre si opiniastre qu'on nous fait à present, & en informeray le Public : passant de là aux principales impostures de la Theologie Morale qu'on nous impute & aux griefs des Requestes que nostre patience a attirées, ie découuriray la mauuaise foy & l'iniustice des vnes & des autres. Cela fait on reprendra de point en point ceste Theologie pretenduë, & on tirera au iour le reste de ses calomnies.

SECTION II.

Pourquoy les Iesuites ont eu de tout temps des Ennemis & des Calomniateurs.

IL ne nous est point estrange que nous ayons des Ennemis ; & qu'encor auiourd'huy il nous faille des Apologies, apres les Bulles des Papes, apres les Lettres patentes des Roys, apres les Canons d'vn Concile œcumenique. Bien loin d'en faire des plaintes à Dieu, nous luy en donnons des loüanges, & mettons nos persecutions entre ses graces. Nous penserions estre moins considerez si nous estions plus en repos : ce qu'on croit qui nous doiue abbatre, nous esleue : & de toutes les pierres que la Calomnie nous jette, il se fait autour de nous vne muraille pour nostre seureté, & vn Theatre à nostre gloire. Certainement nous serions bien delicats, si nous portions lâchement & auec murmure la matiere de nos couronnes : nous serions bien estrangers dans le Christianisme, si nous ignorions que Iesus-Christ & ses Disciples n'ont iamais esté bien auec le monde: mais nous serions extremement iniustes,

Si croyant que le Fils de Dieu a eu ses Enuieux & ses Accusateurs, & que son sang & celuy de ses Apostres a esté la premiere teinture de l'Euangile ; & le ciment de l'Eglise, nous voulions estre plus inuiolables que nos Maistres, & trauailler en repos & à nostre aise, à vn ouurage qui a commencé par la mort de l'Architecte, & par le supplice des principaux Artisans qu'il a associez à son entreprise.

De tout temps le mal s'est opposé au bien ; le mensonge a contredit à la verité ; la chair s'est esleuée contre l'Esprit : la Matiere a fait resistance à la Forme, & la guerre a esté ouuerte & declarée entre les Vertus & les vices. Il est à remarquer pourtant, qu'encore que tous les Vices soient generalement ennemis de toutes les Vertus ; ils n'en veulent pas tant neãtmoins aux Vertus particulieres & Sedentaires : ce n'est qu'à celles qui sont publiques & entreprenantes, qu'ils font vne guerre sans tréve & sans relasche : ils sont continuellement aux prises auec elles, & les poursuiuent à outrance par tout où ils les tiennent. Voyez les Estoilles qui n'ont point de chaleur, & ont fort peu d'action ; elles se montrent impuné-

Les vertus publiques sont plus exposées aux cõtradictions que les particulieres.

Exẽple de cela dans la Nature.

ment, & luisent sans resistance du costé de la terre : le Soleil qui vient pour luy bien faire & pour l'esclairer, n'en est pas traitté si indifferemment ; il n'a pas plustost répandu sa lumiere, qu'il s'eleue ou des nuages qui le noircissent ;, ou des broüillars qui semblent le vouloir éteindre.

Dans la vie Ciuile. Dans la vie Ciuile, les vertus exemplaires & vtiles au public, sont les plus exposées à la calomnie & aux factions populaires. Socrate ne fut pas le seul Sage que la Philosophie donna à la ville d'Athenes : neantmoins parce qu'il se crut enuoyé pour estre son instructeur, & qu'il voulut faire des leçons au peuple & aux Grands ; il eut à se deffendre des Grands & du Peuple : il fut ioüé sur le Theatre & seruit de matiere aux Comediens & aux Rieurs : il fut accusé au Senat & couru par les ruës : & la Calomnie en fin le gagnant sur la verité, il mourut en prison par Sentence de ses Ennemis. Caton qui fut prisé trois cens Socrates, ne receut pas vn plus fauorable traitement à Rome : le zele qu'il auoit au bien public, luy attira sur les bras tous les Factieux, tous les Innouateurs, tous les hommes d'attentat & de brigue: & quoy que sa vie fust sans reproches, il ne se faisoit point de harangues seditieuses où elle ne fust deschirée : & la memoire des deux Anticatons que Cesar écriuit contre luy n'est pas encore abolie.

Le vice n'est pas moins insolent ny moins outrageux aujourd'huy qu'il estoit autrefois : & la Vertu ciuile n'est pas plus respectée à Paris qu'elle estoit à Athenes & à Rome. S'il y a vn Iuge entier, vn Magistrat zelé, vn Ministre exact & de probité reconnuë, il a part à toutes les imprecations des chicaneurs, il entre en toutes les médisances des faussaires & des chercheurs de trouble : & si la Calomnie n'estoit retenuë par la crainte des loix, toutes les ruës ne retentiroient que de son nom ; & les Colporteurs seroient tous les iours enroüez des libelles qui se crieroient contre luy.

Or si les Vertus politiques, qui n'ont à faire qu'à des Passions naturelles, & à des interests purement Humains, où le Diable n'entre pas tousiours, font tant d'Aduersaires, & trouuent tant d'Opposans & tant de resistance ; certainement les Vertus superieures, qui sont enuoyées contre l'infidelité, contre l'Heresie, & contre le mauuais Monde, se mépren-

Dans le Christianisme.

droient fort, si elles attendoient d'estre receuës de ces grands Ennemis auec respect : & si elles croyoient que le Diable se deust laisser despoüiller sans égratigner & sans mordre. Pour ne parler point de la guerre qu'il fit aux Prophetes, on se souuient assez combien d'anathemes & combien d'excommunications furent lâchées en Hierusalem contre l'Eglise naissante : combien d'Arrests, & combien d'Edits furent affichez à Rome contre les premiers Chrestiens. On en faisoit des Sorciers & des Empoisonneurs publics : on mettoit leurs tourments en sobriquets ; & parce que le feu estoit leur plus ordinaire supplice, par vne raillerie inhumaine & barbare on les appelloit Hommes à poteaux & à facines : on les accusoit encor des secheresses, & des deluges : on leur reprochoit les desordres des Saisons & la sterilité de la Nature, & comme disoit Tertullian, si le Tybre débordé de son lict entroit par les portes de Rome; si le Nil reserré dans le sien, manquoit à se répandre sur l'Egypte ; si les grains ne venoient pas reglement & en abondance aux Marchez & aux Hales, les Chrestiens estoient courus par les ruës, & trainez aux Amphi-

Prætexontes ad odij defensionem, illam quoque vanitatem ; quod existiment omnis publicæ cladis, omnis popularis incommodi christianos esse causam. Si Tiberis ascédit ad mœnia, si Nilus non ascendit in arua, si cælũ stetit, si terra mouit, si fames, si lues, statim Christianos ad leonem. *Tertull. in Apol.*

theatres, pour estre déchirez des dents des Lyons, & deuorez des yeux du peuple.

Apres le Paganisme ruiné, le Diable suscita les Heresies en la place des Idoles; & les déguisa differemment pour les faire entrer dans l'Eglise. Les Saincts Péres qui les reconnurent au trauers de leur plastre & sous leurs masques, s'y opposerent auec zele; & leur zele attira sur eux la rage des Partys & les conspirations des Sectes. Les Euesques Arriens ne laisserent rien à faire contre S. Athanase; ils l'excommunierent dans leurs Conciabules, ils subornerent contre luy des femmes publiques; ils l'accuserent d'impudicité, de sortilege & d'homicide; ils le bannirent de la Terre & de la Mer; & ne luy laisserent que les sepulchres & la region des morts, où il peust viure en asseurance. Iouinian, Vigilance, & les Pelagiens ne furent gueres plus doux à la reputation de S. Hierosme: ils voulurent le faire passer pour heretique & pour seducteur; ils luy reprocherent l'amour & la conuersation des femmes; ils l'accuserent de la retraicte de Saincte Paule & de sa fille; & par vne maligne interpretation, en composerent cõtre luy

Calomnie des heretiques cõtre les SS. Peres.

vne fable de scandale & de raillerie. S. Augustin n'a t'il pas receu mesme traitement des mesmes Pelagiens, & des autres Heretiques de son temps? & n'a-t'il pas fallu qu'encore apres sa mort, ses Disciples iustifiassent sa vie & sa doctrine & nettoyassent la boüe que la Calomnie y auoit ietté?

L'Heresie qui a si mal mené les Peres, n'a pas espargné les Enfans qui ont succedé à leurs employs & à leur zele: & les Apologies des Mandians que Sainct Bonauenture & Sainct Thomas nous ont laissées, monstrent bien que ce n'est pas d'auiourd'huy que les Religieux ont des Aduersaires: & que de tout temps le vice a persecuté la Vertu; quelque nom qu'elle ait porté, & de quelque couleur qu'elle se soit habillée.

Nous ne croirons iamais que nous ayons plus de vertu ny plus de zele que les autres: estant les derniers venus comme nous sommes, apparemment nous ne sçaurions estre les plus aduancez. Nous dirons bien pourtant, & tous les des-interessez en demeureront d'accord auec nous, qu'outre la Prouidence de Dieu, qui nous veut retenir dans la discipline, & nous aguerrir pour vn exercice continuel, il n'y a que les petits seruices que nostre Institut nous oblige de rendre à l'Eglise, qui nous fassent des Ennemis & des Enuieux : & des auiourd'huy nous serions en repos, & aurions paix auec le Monde, si nous voulions accepter la neutralité qu'il nous offre, & abandonner la cause commune.

Les contrarietez sont vtiles & glorieuses aux Iesuittes.

Mais Dieu nous garde d'vn si mauuais repos, & d'vne paix si ruineuse; Il est bien meilleur à vn grand corps, que le trauail & la sueur le purgent, que si l'oysiueté le chargeoit de graisse & de maladies : il vaut bien mieux que la Terre soit deschirée des dents de besche & de celles de la charuë, que si on la laissoit en frische : il est bien plus vtile à vne Armée qu'elle soit harrassée soir & matin par vn Ennemy opiniastre, que si la seureté en auoit corrompu la discipline, & y auoit introduit la licence & le desordre. Il est de mesme de la santé de nostre Compagnie, que l'agitation ne luy laisse pas le loisir d'amasser de mauuaises humeurs; il est de son bien qu'elle fructifie par le labeur, & sous les dents de la Calomnie; il est de sa gloire, que les alarmes continuelles qu'on luy donne l'aguerrissent & la retiennent

tiennent dans la discipline.

Les Philistins & les Cananeãs estoiẽt d'excellens Pedagogues au peuple de Dieu : les leçons qu'ils luy faisoient estoient veritablement rudes & laborieuses, s'il ne les apprenoit que par la perte de son sang, & à coups d'espées & de piques : mais elles luy estoiẽt necessaires & de grandes instructions: & se laissa vaincre au luxe & à la molesse. Il en aduint de mesme à la vertu Romaine : on sçait qu'elle n'eut point de plus vtiles instructeurs que les aduersaires, ny de meilleures Nourrices que ses Riuales : & on sçait aussi qu'elle commença à s'affoiblir dés la mort d'Annibal, & qu'elle tomba incontinent apres la cheute de Cartage.

Nous craindrions fort que le mesme n'arriuast à nostre Compagnie, si la negligence & l'oisiueté y auoit introduit le dereglement & la diuision. Nous nous destrurions de nous-mesmes, & les desordres domestiques ne laisseroient rien à faire aux forces estrangeres. Nos Regles sont nos rampars, elles nous garderont si nous les gardons ; & nous rendront inuincibles, tant que nous n'y ferons point de breches : c'est le mot qu'en dit Henry le Grand, apres les auoir leuës : & ce mot ne deuroit-il pas pezer douze Edits & autant d'Arrests rendus en nostre faueur ? ne deuroit il pas nous valoir vne declaration souueraine, & vne Apologie Couronnée : la memoire de ce grand Prince, le second fondateur de l'Estat, qui nous aima par Iugement & apres nous auoir estudiez, & qui daigna bien s'appeller nostre General d'espée, ne deuroit-elle pas confondre la Calomnie, & apres ses paroles heroïques, qui faisoient de son temps la destinée des peuples, & estoit pour ainsi dire, le tonnerre de l'Europe, les François ne deuroient-ils pas auoir honte de s'arrester au sifflement de l'Enuie ? Nous n'auons donc rien à craindre de dehors; & tant que les parties de l'edifice ne se dementiront point d'elles-mesmes; tant qu'elles seront bien iointes, & que chacun gardera son ordre & ses alignemens, nos ennemis consommeront en vain tous leurs papiers pour y mettre le feu; Ils n'y feront pas seulement de fumée; ny n'en noirciront les murailles : & tous les presses de Geneue assistées de celles

Parolles remarquables de Henry le Grand.

d'Angleterre, & de celles de Hollande, & bandées pour l'abbatre, n'en feront pas tomber vne seule pierre.

Les trois Capitaux ennemis des Iesuites.

Ie retourne à ma proposition, & dis que l'Heresie, le Schisme & l'Enuie, qui sont bien d'autres furies que celles des Theatres, ont esté les Chefs de tous les partis qui se sont esleuez contre nous; & ont tousiours donné le signal, & tiré les premiers coups en toutes les guerres qu'on nous a faites. Elles ont fourny tout le charbon dont on nous a voulu noircir; tout le fiel & tout le venin que la medisance a ramassé pour le vomir sur nous, est sorty de leur bouche; de toute cette multitude de calomnies anciennes & nouuelles, qui se sont attachées si cruellement à nostre reputation, sont des serpens tombez de leurs testes.

La haine des Iesuites est le premier article du Decalogue des heretiques.

La France a pû voir de ses costes, les gibets que les heretiques Anglois ont éleuez contre nos Freres, qui estoient enuoyez pour les reduire: on sçait de quelle rage ils ont esté courus par les Lutheriens en Allemagne: & combien de machines ont esté dressées contre eux par les Caluinistes de France; &

par ceux des Prouinces voisines.

Aussi la haine des Iesuites est vn des premiers articles du decalogue des heretiques, & vn des fondemens de leur Morale. Nous sommes tousiours ou l'argument, ou la digression de toutes les harangues seditieuses de leurs Ministres : leurs escoliers nous mettent en declamations, & en lieux communs; & commencent par nous à estre Predicans, comme les ieunes Romains cõmençoiẽt à estre Declamateurs par Hannibal & par Carthage. Ie ne sçay s'ils ne commencent pas mesme leur Cene par l'execration de nostre nom: Mais ie sçay bien qu'à Geneue & à la Rochelle, les nourrisses en faisoient autrefois vn espouuentail, & en menaçoient les enfans.

L'heresie non contente de nous persecuter en Europe, s'est mise sur les vaisseaux de nos voisins, & a trauersé plus de six cens lieuës de dangers & de tempestes pour aller faire la guerre à Iesus-Christ & à nostre Compagnie dans le nouueau monde. Le Iappon est auiourd'huy tout embrasé des buchers qu'elle y a fait allumer contre les fideles & contre nos freres. Elle a esté l'instigatrice des Tyrans de ce pays-là, & a fait de nouueaux Nerons & de nouueaux Diocletians à vne Eglise nouuelle. Elle a éuoqué contre nous, les mesmes demons qui possedoient autresfois les Idoles des Romains & leurs Prestres, & les a mis dans les Pagodes des Iaponnois & dans le Corps de leurs Bonzes : Et si dés demain les portes de la Chine luy estoient ouuertes, elle iroit encore à la Chine l'espée en vne main, & le flambeau en l'autre, égorger les ouuriers de l'Euangile, & mettre le feu à la moisson qui leur est preparée.

SECTION III.

Des causes particulieres, & des pretextes de la persecution que les Iesuites souffrent de quelques Catholiques.

IL est vray que cette persecution est terrible ; & qu'elle fait grand bruit autour de nous : Mais elle nous est honorable, & nous afflige beaucoup moins que celle qui nous viẽt de quelques Catholiques, lesquels ou preuenus de fausses opinions, ou possedez de l'esprit de contention & de jalousie, ou liguez pour les interests de neant, entrent en cause auec l'heresie, & luy prestent contre nous leurs mains & leurs armes. L'Importance est que pour iustifier ceste animosité, on la cache sous des pretextes specieux & de belle couleur : on contrefait des causes & des motifs ; & on les substituë en la place des veritables, afin que le peuple abusé laisse faire nos persecuteurs & qu'il leur ayde encore s'il est besoin, & mettre la main à la persecution : on luy fait accroire que c'est à des Pelagiës qu'on en veut, à des Docteurs d'erreur, & de pestilence, à des corrupteurs de l'ancienne seuerité & de la discipline primitiue. Ces gens-là se persuadent peut-estre qu'ils ont tous seuls des yeux & de la memoire : & que les ruses de la haine & les artifices de la calomnie, ne sont connus de personne. Dequoy fut accusé le Fils de Dieu? ce ne fut pas de la guerison des malades, ny de la resurrection des morts : ce fut d'auoir violé le Sabat, d'auoir voulu abolir la Loy, d'auoir improuué les Tributs imposez par Cesar, & condamné l'obeyssance qui luy

Pretexte de ceste persecutiõ.

estoit renduë par le peuple. Les premiers Chrestiens aussi ne furent iamais accusez de leur innocence & de la pureté de leur vie : on n'auoit point de veritables crimes à leur imposer ; on leur en imposa d'imaginaires & d'inuention nouuelle : & outre l'atheisme, le sortilege & l'inceste ; on leur imputa des mysteres barbares & tragiques : on les accusa de manger leurs enfans couuers de farine, & quasi mis en paste. Generalement pour ne redire pas encore icy, ce que i'ay dit de sainct Athanase, de sainct Hierosme & de Augustin, la calomnie est de ses mouches à qui il faut des ordures : elle en met du sien, ou elle n'en trouue point ; & il faudroit qu'elle eust bien desappris sa Rhetorique, & oublié son ancienne methode, si pour sujet des Satyres qu'elle lâche tous les mois contre nous, elle alleguoit les petits seruices que nous rendons à l'Eglise : & contoit entre nos crimes, des heretiques reduits, des Sauuages baptisez, & la ieunesse instruite.

Le reproche qu'õ nous fait, d'auoir affoibly la seuerité anciẽne, d'auoir trop étendu les bornes du deuoir, & ouuert aux mœurs & aux consciences vn espace de temps sans limites, est vne vieille plainte renouuellée, & l'accusation cõmune de tous les heretiques contre l'Eglise. En cela il ne se dit rien contre nous, qui n'ait esté dit contre les Saints Peres; & les Inuectiues de nos Aduersaires, ne sont que des lieux communs des Montanistes, des Eucratites, des Batares, des Pelagiens, des Lutheriens, & des Caluinistes. Il ne s'est iamais esleué d'Heresie, qui n'ait pris vn masque seuere, vn habit simple & modeste, vne mine seche & mortifiée; les pretendus Patriarches qui les ont introduites, sont quasi tous venus auec vne austerité apparente, auec des grimasses estudiées, auec des visages & des harangues de reformateurs: & ces reformateurs auec leur discipline imaginaire & hors d'vsage, ont mis le Christianisme en plus grand danger, que n'ont fait les Nerons, les Diocletians auec leurs buchers, auec leurs cheualets & leurs roues.

De tout temps les heretiques ont accusé l'Eglise Catholique d'estre trop large.

Toutes les heresies sont venues auec austerité, & sous pretexte de Reforme.

L'Heresiarque Nouatus vouloit oster toutes les passions aux fideles, & reduire la perfection Chrestienne à la dureté Cynique; il ne vouloit pas que les apostats & les adulteres penitens fussent reconciliez à l'Eglise : & ceux de sa Sexte eurent l'insolence de se faire appeller les Batares ou les purs, afin de se distinguer des Catholiques qu'ils estimoient immondes. Auãt luy, Montanus couuoit les mesmes erreurs d'vne pareille seuerité : & Tertullian qui estoit vn des notables du party, auoit l'austerité de quatre Stoïques. Les secondes nopces luy estoient des adulteres publics & de profession; Il ne faisoit point de difference entre vne femme mariée deux fois & vne femme abandonnée: ceux qui sacrifioient aux Idoles, & ceux qui se cachoient des boureaux, estoient à son sens également Renegats : Il n'y eut iamais vn plus ardent Predicateur du Martyre, du Ieusne, de la Chasteté, de la Penitence: & la bile est encore aujourd'huy toute chaude dans les liures qu'il a faits contre l'Eglise Romaine, a qui il réproche en termes enormes & barbares, vne insatiabilité de bouche & de ventre, l'appellant l'Animale, la Charnelle, l'Incontinente, la Guarante des fornicateurs & des adulteres; parce qu'elle auoit des benedictions & des

Quomodo protegam castitatẽ & sobrietatem siue taxatione aduersariorem? quins isti sint, semel nominabo, interiores & exteriores botuli psychicorum. Hi paracleto cõtrouersiam faciunt: propter hoc nouæ prophetiæ recusantur, non quod alium Deũ prædicent Montanus. Priscilla & maximilla, sed plane docẽt sæpius ieiunarẽ quam nuberẽ. *Tertull. lib. de ieiuniis.*

Agnosco animalem fidẽ studio carnis, qua tota constat. Tã multiuorantiæ, quam multiuorentiæ pronam. *Id. li. de ieiun.*

Audio edictum esse propositum & quidem peremptorium Põtifex scilicet Maximus, quod est Episcopus Episcoporum, edicit, ego & mœchiæ & fornicatione delicta pœnitentia functis dimitto. O Edictum cui ascribi non poterit, bonum factum & vbi proponetur liberalitas ista ; ibidé opinor in ipsis libidinũ ianuis, sub ipsis libidinum titulis. Sed hoc in Ecclesia legitur, in Ecclesia pronuntiatur, & virgo est. *Idem lib. de pudic.*

Graces pour les pecheurs conuertis; parce qu'elle souffroit à ses enfans les secondes & les troisiesmes nopces, & ne leur commandoit ny vn troisiesme ny vn second Caresme.

A ceux-là on peut adiouster les Origenistes, qui prenoient materiellement & au pied de la lettre, ce que Iesus-Christ a dit des Eunuques volontaires, & en faisoient vn commandement pour tous les fideles. Les Pelagiens qui vouloiẽt establir vn Christianisme Stoïque, qui faisoient tous les pechez égaux & mortels, & ostoient à la vertu tous les sentimens de la Nature : les Massalians ou les Euchites, qui ne vouloient pas que l'ame eust de cõmerce auec le corps, & commandoient aux Chrestiens vne oraison continuelle & sans relasche : les Flagellans qui ont voulu introduire auec obligation, & par precepte, l'vsage des flagellations publiques : & cent autres semblables visionnaires, qui ont pensé ruiner l'Edifice de l'Eglise par les reformes & les nouueaux ordres qu'ils y ont voulu mettre.

Mais il n'est pas besoin de sortir de chez nous, pour monstrer que la feue-

L'austerité, la modestie, & la reforme du Caluinisme naissant.

rité a esté le plus ordinaire masque des heresies, & qu'elles sont quasi toutes venuës en Reformées. Celle qui a esté si funeste à la France, en prit à son auenement le nom & l'habit : elle se faisoit representer en ses premiers liures, sous la figure d'vne femme qui tenoit l'Euangile d'vne main, & de l'autre vne Croix & vne bride : Il n'y auoit rien de plus composé que l'habit & la modestie de ses nouueaux Ministres : ses Festes mesmes estoient austeres, & se faisoient auec chagrin & en silence : le luxe, le jeu, les danses, & les chansons en estoient bannies : elle excommunioit iusques au moindre iurement & aux paroles vn peu licëcieuses : & toutes les semaines il sortoit de ses mains trois ou quatre libelles, contre les corruptions & les libertinages de l'Eglise Romaine, qu'elle appelloit la Babilone, l'Idolatre, l'Adultere, la prostituée.

Il ne nous est point honteux d'auoir nostre part des iniures qui ont esté dites à l'Espouse du Fils de Dieu : & apres que la mere a esté accusée de desbauche & de fornication, Il n'y a rien d'estrange que les enfans soient accusez de n'estre pas assez seueres. S. Paul

Obsecro vos, fratres, vt exhibeatis corpora vestra hostiam viuentem, Deo placentem, rationabile obsequium vestrum. Dico enim per gratiã quæ data est mihi, omnibus qui sunt inter vos, nõ plus sapere quam oportet sapere, sed sapere ad sobrietatem.

condamne la sagesse excessiue & intemperante : Il y veut des bornes & de la sobrieté : & selon sa Morale, tous les deuoirs du Chrestien doiuent estre raisonnables.

La doctrine des cas de la Conscience sur laquelle on nous accuse d'estre trop larges, n'est pas vne doctrine de nostre siecle : Nous ne l'auons pas introduite dans les Escoles Chrestiennes : elle y estoit vieille auant que le nom des Iesuites fust au monde : & ceux qui ne sont pas estrangers en ces pays-là, ceux qui ont quelques habitudes auec les Casuistes, sçauent bien si l'Indulgence dont on se plaint a commencé par nos Autheurs.

La doctrine des cas de conscience n'est pas de l'inuention des Iesuites.

Ils sont allez tout droict & de bonne foy à la verité, sans affecter les chemins estroits ny les grandes routes, sans chercher les opinions reserrées, ny les larges : & traictant vne science qui a peu d'euidence & peu de certitude, ils ont crû qu'il estoit de leur deuoir de rapporter toutes les opinions qui sont receuës : afin que ceux qui ne voudront pas aller à la haute Vertu, qui est exacte & rigoureuse, aillent au moins à la moyenne, qui a moins de rigueur &

Pourquoy il est vtile que les Casuistes rapportent les opinions estroites & les larges. plus de condescendance. Il est bien vray que tous les Chrestiens sont appellez au sommet de la Mōtagne, mais ils n'ont pas tous le courage d'y monter: & il vaut bien mieux que les foibles & les lâches demeurent au milieu, que si par desespoir ou par apprehension du trauail, ils descendoient dans le chemin qui mene au precipice.

Aussi non seulement les Opinions qu'on accuse d'estre trop larges & trop indulgentes, ont des Auteurs & des garans hors de chez nous: Celles-là mémes qui ont fait tant de bruit, & sur lesquelles il s'est fait tant de plaintes inconsiderées & malignes, & tant de Requestes iniurieuses, sont de Maior, de Gerson, de Vigor, de Mr du Val, que l'Vniuersité reconnoist pour ses Peres & pour ses Maistres. Et cependant, ce qui est bien estrāge, auiourd'huy leurs Neueux & leurs Disciples les ont erigées contre nous en scandales & en attentats: ils ont crû que les produisant sous le nom des Iesuites, on ne s'informeroit point de leur naissance ny du lieu de leur origine: & par cette animosité aueugle & precipitée, voulant faire cōdamner vn de nos Professeurs,

Les opiniōs imputées aux Iesuites sōt d'autres Docteurs, & mesme de ceux de l'Vniuersité.

ils ont condamné leurs propres Maistres, & ont fait le procez à la memoires de leurs Peres.

Il n'y a gueres d'apparence que le Christianisme s'auance par ce procedé; & que les fideles en demeurent edifiez, & l'Eglise affermie. Nous n'auons pas encore serui si vtilement ny si long temps, que nous ayons droit de parler en termes si magnifiques, que ces Messieurs, qui disent que les Mithres & les Couronnes sont à couuert sous leurs Bonnets; & que leurs ferules sont les Colõnes de l'Eglise & de l'Estat. Nous pouuons dire neantmoins auec modestie, que l'Heresie & le Schisme nous apprehendent: & que si nous estions tombez, la feste seroit grande en tous les Poesles de Lutheriens, & par tout le ressort de Geneue. Or parce que l'Heresie n'a pas les bras assez forts pour nous abbatre, l'Esprit de Diuision qui la gouuerne, employe toutes sortes de ruses & de machines, pour nous mettre hors de combat, & nous oster les moyens de luy mal faire.

Nous ne pouuons seruir que sous l'auctorité des Souuerains, & auec l'appuy des Magistrats: & afin de no⁹ oster cét appuy & cette authorité, il a voulu persuader que nostre doctrine éleuoit en toutes choses la Puissance Spirituelle au dessus de la Temporelle. Il vsa autrefois d'vne semblable ruse cõtre l'Vniuersité de Paris ; & pour donner jalousie de cette noble Compagnie, qui a tousiours seruy vtilement contre les erreurs naissantes, il porta le Ministre Beze à presenter requeste au Parlemẽt contre vn Bachelier, & à luy faire vn procés criminel, de ce qu'en vne dispute publique il auoit osé soustenir vne These contraire à la Souueraineté des Rois, & à l'independance de leur Couronne. Monsieur de Xaintes qui fait mention de cette Requeste dans son Apologie pour l'Vniuersité, adiouste que le Parlement à qui la lumiere & l'equité sont aussi naturelles & aussi propres qu'ils sont au Corps Celestes; Reconnut d'abord l'artifice du Ministre, & le renuoya auec sa requeste; Il n'y a rien de fort estrange, que l'Vniuersité qui est s'y Catholique, ait esté attaquée de semblables armes, par vn des premiers Ministres de l'heresie. Mais ce que tous les gens de bien treuuent estrange, c'est que des armes ap-

Premiere ruse de l'Esprit d'heresie cõtre ces Iesuites.

portée de la capitale ville du Schisme & du Siege de l'Heresie, pour estre employées contre l'Vniuersité, ayent esté ramassées par quelques supposts de la mesme Vniuersité: & que tous les ans encore on les refourbisse, on les renouuelle, on les employe contre vne Compagnie Catholique & Religieuse.

Il y a certes des gens de condition & de merite dans l'Vniuersité, & il y en a en bon nombre. Il y a des testes veritablement dignes de la Mitre, & des mains capables de porter des Crosses auec honneur: mais ce ne sont pas ces mains là qui font ces attentats, ny ces testes qui les Conseillent, ce ne sont pas ceux qui peuuent pretendre d'auoir place en l'Eglise, & dans les Bibliotheques, apres Guillaume d'Auuergne, apres Gerson, apres Monsieur Gamache, apres Monsieur du Val, & les successeurs de leur dignité & de leur science. Ce sont deux Estrangers & trois incognus, des-auoüez de tout ce qu'il y a de gens d'honneur dans le corps, & pourtant ces estrangers & ces incognus nous veulent faire accroire, qu'ils sont plus zelez que nous pour la conseruation des Roys & pour la dignité de la Couronne. Certainement, disoit

Les Iesuites ont plus d'interest à la conseruatiō des Roys & à la grādeur de l'Estat que leurs ennemis.

disoit hier vn Seigneur proche parent d'vn Iesuite, la proposition est fort belle & de grande apparence. Les Iesuites qui ont du sang & des moitiez entieres en tous les Cours Souueraines du Royaume; les Iesuites qui ont des peres Presidens & Conseillers d'Estat, des cousins Mareschaux de Camps, & des oncles Cheualiers de l'Ordre; les Iesuites qui ont gouuerné la cõscience de trois grãds Roys, & ont herité par testament exprés du cœur des deux derniers; les Iesuites qui sont logez & nourris en tant de lieux; des liberalitez de Henry le Grand, & des bien-faits de Louys le Iuste; les Iesuites qui dans toutes les tempestes qu'on leur a suscitées, ont tousiours esté à couuert dans le cabinet & sous l'Autorité Royale; les Iesuites disie auec tant de gages, & apres tant d'obligations, ont moins d'interest à la dignité de la Couronne, & moins de zele à la conseruation des Roys, & à la grandeur de l'Estat, que deux estrangers & trois inconnus qui sont venus chercher des conditions à Paris.

Vn François ne change pas de sang ny de cœur pour se faire Iesuite.

Croy t'on que les mesmes Ciseaux qui nous coupent les cheueux, nous coupent le sens? que le mesme iour que nous prenons vne sotane, il se fasse en nostre corps, vne generale reuolution d'humeurs, & il nous vienne vn nouueau sang dans les veines? croy-t'on qu'aussi tost que nous sommes Iesuites, nous deuenions estrãgers parmy nos proches? & que nous soyons aussi barbares en nostre pays, que si nous y auions esté soudainement transportez, en des Terres neuues ou des espaces imaginaires; Nous croy-t'on ou si ignorans de nos besoins, ou si peu affectionnez à nostre conseruation, qu'il nous pûst venir en pensée d'affoiblir l'authorité Royale: C'est à dire, d'abbatre nostre Appuy, de ruiner nostre Rempart, de destruire nostre Asile?

Venons à vne seconde ruse, qui est la seconde source de la guerre qui nous est faite par quelques Catholiques. Cõme pour seruir vtilement, nous auons besoin que les Princes & les Magistrats nous appuyent; il est necessaire aussi que les Prelats nous authorisent: & leur benediction doit estre des preuues de nostre Doctrine, & la grace exterieure de nos Ministeres. Pour oster à nostre Doctrine & à nos Ministeres, vne authorité si considerable, & des preuues de si grands poids & si necessaires, & le mes-

Seconde Ruse de l'esprit d'erreur contre les Iesuites.

me esprit de Schisme & de diuision, qui souffle le chaud contre nous deuant les puissances Temporelles, souffle le froid deuant les spirituelles : & vn mesme vent attire sur nous des Arrests à Paris, & des censures à Rome.

Pour ne rien dire du Liure que le Pere Rabardeau publia par le commandement expres du feu Roy, & de l'aduis de son Conseil : le Liure du Pere Bauny accusé à Rome, sur des memoires enuoyez de Paris, n'a esté Censuré que pour appuyer trop les coustumes & les priuileges de la France. L'Abbé Hilarion qui est des notables de la Cour de Rome, & qui fut commis pour l'examiner luy a rendu ce tesmoignage. Diana qui est des premiers de la Congregation de Lindice, a declaré le mesme : & dans le dernier Volume qu'il a donné au public, il se range à quantité d'opinions du P. Bauny, & le cite comme vn Autheur classique : & les François se sont rendus denonciateurs contre luy ; ils ont esté les Solliciteurs de la Censure ; & il n'a pas tenu à bien remuer, s'ils n'ont fait tomber l'Anatheme, sur ce qu'il a escrit pour les libertez de leur Mere. Certes s'il y auoit quelque Prouince neutre entre l'Estat Ecclesiastique & le Ciuil, ceux d'entre nous qui craignent le bruit & le vent, feroient bien de s'y retirer: car à moins que de découurir vn Pays de cette nature, ie ne crois pas que nous soyons iamais sans guerre ny sans tempestes.

Ce qui s'est passé au fait de Iansenius, montre bien que l'Esprit qui possede nos Aduersaires, n'est pas vn des Anges Tutelaires de la France; & qu'ils cherchent plus nostre ruine, que l'affermissement des Couronnes, ny la conseruation des Testes Couronnées. Ce Iansenius fut l'Autheur d'vn Liure de feu & de souffre, d'vn Trompette de guerre & de faction, qui en habit de Soldat, & sous le nom de *Mars Gallicus*, alla par toute l'Europe, crier contre le Roy & la Iustice de ses Armes: & souleuer toutes les Nations Chrestiennes contre la France. Ce Trompette de fureur, fit si bien au gré de nos Ennemis, que son Auteur fut recompensé de l'Euesché d'Ypre: l'Onction saincte fut le prix d'vne main qui auoit versé tant de venin sur le premier Oint de Dieu: & la Mithre qui est la Couronne du Sacerdoce Royal, & le Diademe des Princes de l'Eglise, de-

Iansenius aussi grand Ennemy du nom François que des Iesuites.

uint le loyer d'vne teste qui s'estoit esleuée contre le Fils aisné de l'Eglise, contre le premier Roy & la seconde Teste du Christianisme. Certainement si vn Liure de ce style là, estoit sorty de la main d'vn Iesuite, fust-ce d'vn Iaponois ou d'vn Malabare; nos bons Amis d'icy ne manqueroient pas de le faire venir d'vn autre monde, de le promener par toutes les Villes, & le tirer deuant tous les Tribunaux de France.

Iansenius Ennemy de la France receu de quelques-vns parce qu'il est ennemy des Iesuites.

Quelque temps aprés, le mesme Iansenius estant reuenu en France, non pas en habit de Soldat, mais en habit de Docteur, & trauesty en Sainct Augustin; ceux qui nous accusent d'estre Estrangers en nostre Pays, & de n'estre pas zelez pour la Patrie, accoururent à luy & le receurent à bras ouuerts : Et quoy qu'il eust la bouche encore demy-pleine du venin qu'il venoit de vomir contre le Roy; quoy qu'il sentist encor le souffre, & fust tout rouge du feu qu'il auoit allumé contre la France; neantmoins parce qu'il se declara Ennemy des Iesuites, & qu'il fit entendre qu'il venoit les combatre, on luy sollicita des Fauteurs & des Partisans; on luy dressa vne Secte par brigues expresses; & vn des grands Ennemis de nos François, fut introduit dans Paris auec pompe, & en triomphe. Ces Messieurs là seront tousiours de tous les partis, pourueu qu'ils nous soient contraires: auiourd'huy ils prendroient le rouge & demain le jaune, si parlà il y auoit quelque chose à gagner sur nous; & de la façon qu'ils agissent, s'il arriuoit vn Deruis enuoyé pour prescher l'Alcoran; s'il venoit vn Marane publier le Talmud, ie ne sçay s'ils ne brigueroient point pour eux des Chaires & des Auditeurs, pourueu qu'ils declamassent contre les Iesuites.

Cependant l'esprit de Schisme & de diuision s'est addroictement serui de cette animosité, & a gagné par là vn point important, d'où il pourroit bien tirer des consequences dangereuses. Le faux-bruit qui a couru, que la Doctrine combatuë par Iansenius, estoit particuliere aux Iesuites, a tiré dans son party, tous ceux qui sont de serment contre nous, & qui font la guerre à nostre nom, & à nostre ombre mesme par tout où ils se la figurent; & l'importance est, que pensant courir contre les Iesuites, ils se sont jettez dans vne Secte soupçonnée, & se sont rendus deserteurs de leur propre cause.

La doctrine combatuë par Iansenius n'est point particuliere aux Iesuites.

La Doctrine de la Grace, combatuë si chaudement par l'Euesque d'Ypre, n'est pas née chez nous, & à moins que de depeupler les Bibliotheques, & en chasser par troupes les sçauans Morts qui les habitent, on ne persuadera iamais à des gens qui sçauront lire, que ceste doctrine nous soit particuliere: elle a vieilli dans toutes les Vniuersitez Catholiques, & dans tous les ordres Religieux auant qu'elle entra chez nous: Messieurs Gamache, Du Val, Isambert, & le Moine l'ont enseignée en Sorbonne: de tout temps elle a esté habituée, & domestique de cette sçauante Maison: & Iansenius ne nous chante là dessus pas vne iniure que sur la lettre, & sur la notte de celles que Caluin en a chanté aux Sorbonistes.

Gamach. tom. 2. in 1. 2. qu. 111. c. 5. Duvall. tra. de Gratia q. 5. art. 7. Conclus. 2.

Particularitez dangereuses introduites par la doctrine de Iansenius.

Le malheur est que sous pretexte d'appaiser vn Aduersaire des Iesuites, on commence à mettre la diuision dans l'Eglise & le bruit dans les familles: les plus ignorans entrent desia en faction, & choisissent leurs chefs & leurs drapeaux; il n'est pas iusques aux femmes qui ne veulent fortifier le party: on les a sollicitées par des Traductions indiscrettes, qui ne seruent qu'à leur desbaucher l'esprit; & ce qui est bien estrange, la Grace efficace & le franc-arbitre, dont on n'oseroit quasi parler dans les escolles, font des querelles dans les Cabinets; & ont des Tenantes & des Assaillantes dans les Reduits, & dans les Ruelles. En suite, ceux qui ne se sont pas trouuez assez forts pour deffendre leur doctrine de bonne foy, & par vn combat legitime, ont eu recours aux Calomnies, aux Inuectiues, & aux Libelles diffamatoires, qui sont les dernieres armes des vaincus. Les autres, par la communication qui est entre le Iugement & la Volonté, ont passé insensiblement du dogme à la hayne: & ce qui estoit auparauant dans leur teste, vne simple opinion contraire à nostre doctrine, est enfin deuenu en leur cœur, vne auersion de nos Personnes. Quelques particuliers de l'Vniuersité armez pour leurs interests, suruenant dans cette conjoncture, & se meslant en cette broüillerie, ont augmenté le bruit, & acheué d'irriter les Esprits qui estoient desia esmeus: ce qui commençoit à s'eschauffer s'est allumé tout de bon; & de là est venu cét embrasement qui nous a enuironnez tout à coup, & qui fume encore.

Ie le dis comme deuant Dieu, & le dis auoüé de tout le Corps, dont ie ne suis que la moindre Partie ; nous ne sentons point en cela nos iniures : nous sentons les obstacles que l'on fait à la Cause de Dieu & au bien des Ames : nous sentons la diuision que l'on met dans l'Eglise ; nous sentons les triomphes & les brauades qu'en font les Aduersaires. Tous les mois il se lasche sur nous quelque Libelle, nous en souffrons les morsures patiemment & en silence : on fait de faux Portraits de nous & de nostre vie, & on les pique à coups de plumes, par vne cruauté plus inhumaine que celle des Piqueurs d'Images de cire ; nous endurons ces piqueures sans en faire de plaintes. Il y a des Calomniateurs qui sont payez pour nous ronger à toutes les tables, & nous debiter en toutes les Assemblées ; nous ne loüons point d'Apologistes, n'y n'auons à nos gages des Hommes apostez qui les aillent combatre. L'année passée on sousleua contre nous tous les Marchez & toutes les Places ; on nous voulut faire coupables de la cherté ; & si le feu Roy & le Parlement n'eussent fait sortir leur Authorité en public, pour arrester la Populace émuë, & defendre

Animosité incroyable de quelques ennemis des Iesuites.

l'Innocence calomniée, aparemment les coups fussent venus apres les cris ; & le feu croissant de iour à autre, on n'en eust pas peut-estre esté quitte pour du bruit & de la fumée. Tous les Gens de bien attendoient auec frayeur le succez de ce tumulte ; nous le laissions à la Prouidence de Dieu, & à la prudence des Magistrats. Peu de iours auant Pasques, pour ne rien dire des bruits & des factions secrettes qui ont precedé, on presenta contre nous vne Requeste d'vn volume : & comme si l'on eust voulu solliciter par auance toutes les Maisons à se souleuer, & à preuenir la Iustice par vne Sedition publique, on la porta hautement & auec brauade de porte en porte : on eut la hardiesse de la presenter à la Reyne & à toute la Cour ; & toute la Cour la reietta à l'exemple de la Reyne, pour apprendre aux autres à ne souiller pas les mains de cette sorte de presens qui empoisonnent. Il ne restoit plus que de la porter sur l'Autel, & de faire à Dieu vne offrande, du fiel de la Haine & du venin de la Calomnie.

Mais comme i'ay dit, ce qui nous blesse plus sensiblement, ce qui nous fait secher, & que nous ne pouuons souffrir sans gemissemens & sans larmes, c'est que le Dieu de Charité n'est pas glorifié par cette rupture, & que sa maison en est mal edifiée : c'est que les Libertins authorisent par là leurs desordres, leurs irresolutiôs, & leur mécreance : c'est que tandis que les Chiens sont diuisez d'auec les Pasteurs, la Bergerie demeure exposée aux Loups & aux Larrons qui l'enuironnent: c'est que les Guides estant rendus suspects aux Ames égarées, & les Medecins aux malades; les vnes acheuent de se perdre faute de confiance & d'addresse ; & les autres apprehendant de s'empoisonner auec des remedes qu'on leur a decriez, meurent de leurs maladies & de leurs blessures. Voila ce qui nous fait plus de mal, & nous est plus amer, que toutes les plumes du monde les plus mordantes & les plus enuenimées ; voila ce qui nous pese plus, & nous fait plus gemir que toutes les charges de la Calomnie.

Mauuaises suites de cet Animositez.

Nous ne trouuons point estrange, qu'il y ait de l'Enuie où il y a de la concurrence: cette foiblesse n'est pas seulement des mestiers materiels & seruiles, à qui le vieux Prouerbe l'a reprochée : elle

L'Enuie qui se fait de la concurrence ne deuroit passer

est des Arts les plus spirituels & les plus nobles : & les competences de tant de Corps, de tant de Facultez & d'Academies que nous voyons tous les iours, montrent bien que la Medecine mesme en est encore malade, & que la Theologie n'en est pas bien saine. Nous treuuons seulement étrange, que pour defendre les Interests imaginaires, & qui ne sont point attaquez, la Cause de Dieu soit abandonnée : & que des Hommes qui ont de l'Esprit, & ont la veuë assez bonne pour distinguer tous les atomes des Corps, & démesler tous les nœus de la Dialectique, n'ayent pas reconnu depuis tant de temps, qu'on leur a donné vne terreur panique ; & que c'est sur vne Vision & contre vn Phantosme qu'ils ont couru aux armes.

iusques au scandale, & à la ruine de la Religion.

Il faut se declarer librement, & le leur dire vne fois pour toutes : ils prennent vn nuage pour vn Corps d'Armée, & des roseaux pour des lances; Nous n'auons iamais eu le dessein, dont on leur a fait peur : & s'il nous auoient reconnus de plus prés & sans trouble, ils se mocqueroient eux-mesmes de leurs ombrages. Ils embrasseroient ce qu'ils fuyent ; & troueroient du seruice & de la deference, où ils s'imaginent qu'il y ait vne conspiration formée contre eux, & des machines dressées à leur ruine.

Qu'ils vsent de leur discours en cét endroit, & qu'ils iugent si faisant vn vœu particulier de ne poursuiure iamais aucune Dignité, ny dans le corps de la Cōpagnie, ny dehors, & de n'accepter pas mesme de Mitres, ny de Chapeaux rouges, s'ils ne nous sont imposez par la volonté absoluë de ce Souuerain spirituel qui peut commander à toutes les Ames; Il y a apparence que nous pretendions enuahir leurs Bonnets & leurs Chaires, & nous faire eriger par force en Bachelier & en Docteurs. Qu'ils considerent si la pauureté que chacun de nous a voüée, nous rendant incapables de rien posseder en Particulier, ils ont lieu de craindre auec raison, que nous soyons leurs competiteurs dans la concurrence des benefices : que nous entrions dans le droict & dans les priuileges des Graduez; que nous leur disputions les Cures, les Canonicats, les Abbayes. Qu'ils auisent, si la charge de la Regence, estant nostre plus lourde Croix, & le ioug le plus rude & le plus pesant de nostre profession, il est à croire que nous cher-

Apprehensions de quelques Particuliers de l'Vniuersité sans fondement.

chions de grossir cette croix, d'adiouster vn joug estranger au domestique ; & de nous charger de leurs chaires, comme si les nostres ne nous estoient pas assez pesantes.

Cependant c'est pour la conseruation de ces trois Pieces, qu'ils nous font vne guerre si opiniastre : C'est pour nous en deffendre les approches, qu'ils ont remué toutes leurs machines, & pointé contre nous toute leur batterie : & si bien loin d'y pouuoir pretendre, nostre Institut mesme nous en esloigne, comme ie viens de le montrer, pourquoy n'vsent ils pas en fin de leurs yeux & de leurs esprits ? Pourquoy se lassent-ils encore à battre l'air, & à tirer contre leur ombre ? Pourquoy ne recognoissent-ils pas que le dessein de l'année passée, duquel ils ont fait tant de bruit, ne les attaquant point, & ne regardant que l'interest de nos escoliers, qui ne sont pas moins François, ny de pire condition que les leurs. Il n'estoit ny de la Charité Chrestienne, ny de la prudence mesme, de porter les choses à l'extremité, & de méler l'Eglise & l'Estat dans vne dispute de College.

Mais certes il estoit encore moins de

Procedures de mauuais exemple & contraires aux formes de la Iustice.

la Iustice, qu'ils commençassent vn procez par des Inuectiues & des Libelles diffamatoires. Les oreilles des Iuges estoient-elles fermées pour eux ? tous leurs Aduocats estoient-ils deuenus muets ? leur droit eust-il perdu sa force & sa couleur dans les formes ordinaires ? pouuoit-il estre meilleur dans vne Satyre que dans vn Factum ? ne pouuoient-ils gaigner, si la Calomnie ne couroit les ruës ? l'exemple qu'ils ont donné au Public est fort beau : & la guerre à l'auenir, ne seroit pas moins dangereuse au Palais qu'à la Campagne, les Procez ne seroient gueres plus innocens que les Duels, si la Calomnie estoit receuë entre les formes de la Iustice : & si au lieu des Placets & des Requestes ciuiles, que les Plaideurs presentent à leurs Iuges, il leur estoit permis de charger les Colporteurs de Libelles diffamatoires : & de remplir tous les coins des ruës, & toutes les portes des Eglises, d'Affiches scandaleux composez contre leurs Parties.

Aussi les Anciens & les Sages de leurs Corps ont condamné ces violences : ils nous en ont fait des excuses ; & nous ont tesmoigné le regret qu'ils auoient, que la multitude parmy eux, fust plus forte que l'Authorité ; & que la Passion indiscrete & mal informée, l'emportast sur la Raison & sur la Prudence. Plûst à Dieu que tous les membres de ce noble Corps, que nous honorons de cœur & sincerement, fussent animez de l'Esprit de feu Monsieur Gamache, de feu Monsieur Du Val, & de quantité de viuans, qui ont succedé à leur Vertu & à leur Doctrine : nous n'aurions rien à démesler ensemble, & nous seruirions conjointement & d'vn zele commun nostre commun Maistre.

Mais puis qu'il plaist à Dieu que cette petite guerre nous purifie, & nous exerce encore pour quelque temps ; ces sages Morts & leurs sages Successeurs, nous permettront de nous adresser à ceux qui sont preuenus de sentimens contraires aux leurs ; & de leur dire amiablement & sans aigreur, qu'il est bien permis à l'Emulation de piquer vn peu la Vertu, mais non pas de la déchirer ny de la mordre. Qu'autant qu'il est honorable, de disputer de bonne foy auec des Concurrens, & les vaincre si l'on peut, en faisant mieux qu'eux, & allant plus viste ; autant il est

Aduis charitable & sans aigreur aux Ennemis des Iesuites.

il est deshonneste de leur ietter des pierres, & les arrester par supercherie. Que les suffrages des Iuges, sont pour la Vertu qui fait son deuoir & court legitimement ; & non pas pour l'Enuie qui ne sçait que faire du bruit, & dire des iniures. Qu'il importe fort peu, que l'Vniuersité & les Iesuites soient vnis en vn Corps ; l'importance est qu'ils soient vnis de Zele, de Charité, d'Affection au seruice de Dieu & de l'Eglise : tous les Officiers du Prince ne s'appellent pas de mesme nom, ny ne portent les mesmes Enseignes : & les Compagnies Souueraines du Royaume, ne laissent pas de seruir vtilement, quoy qu'elles soient diuisées. Que pour nous, bien loin de vouloir supplanter ceux qui entreront dans la Lice que Dieu nous a ouuerte, nous les encouragerons de la voix, de la main, & de l'exemple. Qu'estant Religieux, & faisant par vocation, & non pas par mestier tout ce que nous faisons, nous tenons pour Amis & pour Associez, tous ceux qui seruent nostre Maistre, & les estimons par le zele & par la vertu, & non pas par le nom ny par la robbe. Que le Fils de Dieu luy mesme, condamna la Ialousie de ses Disciples, qui eussent voulu, qu'il eust lié les mains & fermé la bouche, à ceux qui chassoient les Diables en son nom, & n'estoient pas de leur Corps. Que nous faisons tous les iours pour ceux de l'Vniuersité, & pour tous les Ecclesiastiques, le souhait que Moyse ne fit qu'vne fois pour son Peuple : & si nous estions exaucez, non seulement ils seroient tous Prophetes, ils seroient tous Saints & tous Apostres. Que c'est à eux de considerer, si pour de petits interests qui ne leur sont point debattus, ils peuuent en conscience tourner leurs Armes, contre ceux qui seruent sous vn mesme Maistre, faciliter les progrez de l'Ennemy commun, donner entrée à l'Heresie & au Schisme, abandonner la Cause de Dieu, & remplir sa Maison de fumée, comme parle l'Escriture.

Efforts inutiles des Ennemis des Iesuites.

Enfin quelques efforts qu'ils fassent, & quelques instrumens qu'ils employét ils n'abattront pas vn Arbre que Dieu a planté : les Torrens l'auroient déraciné il y a long temps, & les Orages n'en auroient pas laissé vne seule feuille, s'il estoit d'vne autre main que de la sienne. Ce Colosse si prodigieux, que l'Ambition auoit composé de tous les metaux, fut abbattu d'vne petite pierre qui luy tomba sur le pied : & voicy vn petit Arbre, qui est encore debout, apres auoir esté battu des innondations & des vents, & auoir souffert les assauts des Demons & des Hommes. Certes aussi, la secheresse & l'infertilité luy sont bien plus à craindre que les tempestes : & s'il est permis de iuger de l'auenir par le passé, il y a bien apparence qu'il ne tombera iamais, si ce n'est qu'estant deuenu infructueux par sa faute, le Pere de famille y mette luy-mesme la coignée & l'abatte.

I'ay crû deuoir cette instruction au Public, qui ne iuge pas tousiours bien sainement de la persecution des Innocens ; & ne sçayt pas remarquer la Couronne, & l'impression de Iesus-Christ sur leurs Croix & dans leurs souffrances. Et outre qu'il apprendra par là, que nos propres Ennemys nous glorifient, soit que l'Heresie & le Schisme les irritent contre nous ; soit que l'Enuie ou l'Emulation nous les attirent ; Il reconnoistra de quels vents sont poussez les Libelles, qui se debordent quasi tous les matins contre nostre Renommée. Qu'on n'attende pas que nous entreprenions de les combatre regulierement & pié à pié : Nous ne verrions iamais la fin de ces combats de plume, & nos Aduersaires auroient ce qu'ils pretendent, s'ils nous auoient reduits aux termes d'abandonner le Public pour nous defendre. Cette diuersion seroit leur victoire : & dés aujourd'huy ils croiroient nous auoir défaits, s'ils nous auoient consommez en Apologies & en Inuectiues.

Dessein general des Libelles publiez contre les Iesuites.

Par la Response qui sera faite, aux Calomnies dont on a voulu décrier nostre Doctrine, on verra quelle creance on doit auoir en toutes les autres qui sont de mesme teinture que celles là, & qui partent de mesme source. Elles visent toutes à vn mesme but, & ont toutes cela de commun, qu'elles taschent de nous rendre suspects pour nous rendre inutiles. Les Loups ne declameroient que contre les Chiens, s'ils sçauoient parler : & s'ils sçauoient escrire, tous les iours les Bergers & les Brebis seroient importunez de Requestes, & de Satyres faites contre eux : tous les iours il s'en crieroit par tous les Pasturages, & s'en afficheroit à toutes les portes des Bergeries.

SECONDE PARTIE.

SECTION I.

Premiere Imposture des Ennemis des Iesuites, son iniustice, & ses dangereuses consequences.

La pretenduë Theologie Morale est tissuë de trois sortes d'impostures.

LE Compilateur de la pretenduë Theologie Morale des Iesuites, vise à ce but par trois sortes d'Impostures, qui sont des plus noires & des mieux marquées. Par la premiere, il fait des Opinions de quelques Particuliers, des crimes generaux ; & les impose à tout le Corps, où il conte pour rien, cent autres Parties nobles & considerables, par qui ces Opinions sont condamnées. Par la seconde, il produit des Opinions qui ne sont point nées chez nous, qui sont venuës d'ailleurs, qui estoient vieilles dans les Escoles, auant qu'il y eust des Iesuites au Monde : Et pour vn d'entre nous qui les a receües, il en fait vne supposition vniuerselle, & vn procez commun contre toute la Compagnie. Par la troisiesme, il falsifie les Textes des Autheurs qu'il produit : il leur iette luy mesme les ordures qu'il leur reproche : Et afin d'auoir lieu de les accuser de mauuais sentimens, il leur oste leurs bonnes paroles, & en substituë du sien, de malignes & de corrompuës.

Voilà en trois points toute la tissure de cette belle Rapsodie : voila toute la matiere dont la Calomnie a fait le masque, auec lequel elle court les ruës. Ie n'auray pas grande peine à le luy arracher, il tombe desia de luy-mesme, & laisse voir à nu la Laideur & la Honte de celle qui le porte. I'acheueray pourtant de le luy oster sans y mettre les ongles: & le Public sçaura, que pour toute satisfaction, nous ne demandons à Dieu, sinon qu'il change les Calomniateurs, & qu'il extermine la Calomnie.

Autrefois vn Cardinal Conquerant, & General des Troupes de l'Eglise, accusé de maluersation dans sa Charge, & appellé pour rendre conte des Finances qu'il auoit maniées ; au lieu d'enuoyer des Acquits, enuoya les Clefs des Places qu'il auoit reduites à l'obeïssance du Sainct Siege ; & six Charettes chargées des memoires & des titres de ses Victoires, furent son Apologie & son Triomphe. Ie pourrois me seruir de cette forme de Iustification, & au lieu de rendre conte de nostre Doctrine, faire vn dénombrement des Villes, où nous enseignons & au decà & au delà de la Ligne, auec benediction de Dieu & satisfaction des Peuples. Ie pourrois alleguer les Papes & les Cardinaux ; les Princes & les Euesques ; les Magistrats & les Docteurs qui ont esté nos Escoliers. Ie pourrois conter les Roys & les Reynes, les Grands de l'Eglise & les Grands du Monde, qui nous ont confié leurs Consciences. Ie pourrois faire venir des Parlemens, des Vniuersitez mesme, & de tous les Ordres Religieux, ceux qui ont receu de nous, la premiere teinture du Christianisme & des Lettres. Ie pourrois nommer les Royaumes inconnus au Soleil & aux Etoilles de l'Europe, où quoy qu'indignes d'vn si grand Employ, nous auons porté le Nom de IESUS-CHRIST, & la Lumiere de l'Euangile.

Témoignages authentiques & preuues iustificatiues de la Doctrine des Iesuites.

Cette sorte d'Apologie seroit bien la plus courte & la plus efficace : il n'y a point d'accusation de si grand poids, qui doiue pezer dauantage que des Communautez, que des Villes, que des Prouinces & des Royaumes & tant de Peuples ciuilisez, tant de Nations barbares, qui nous sont des Témoins de toute couleur, & des preuues iustificatiues en toutes langues, valent bien vn Libelle sans nom & sans aueu, vn Enfant exposé, qui n'est reconnu de personne, qui est honteux de sa naissance, qui porte l'infamie & le peché de son Pere. Cela certes seroit bien estrange, si vn hibou voyoit plus que cent Aigles: mais il seroit bien plus estrange, si vn homme qui craint le iour, auoit plus de lumiere & plus de connoissance de nous, que tant de Papes, tant de Prelats, tant de corps Ecclesiastiques & Seculiers, qui ont des yeux de tous costés, & qui voyēt de tous leurs membres, comme les quatre Animaux de l'Apocalipse. Mais puisque la modestie que nous professons, ne souffriroit pas ces termes heroïques, qui doiuent estre laissées aux hommes extraordinaires; defendons nous plus populairement, & d'vn style plus esloigné de l'enflure: & cōmençons par la premiere sorte d'imposture, où il a vn attentat injurieux à la memoire de tous les Peres, de tous les Docteurs, de toutes les Vniuersitez, & de tous les corps de l'Eglise.

Il y a des calomnies legeres, qui ressemblent à ces Reptils, qui n'ont qu'vne petite goutte de venin, & qui ne peuuent mordre qu'en vn point. Celle de nostre aduersaire n'est pas de ce nombre; elle ressemble à ces grands Dragons, qui desolent les Prouinces, & font des morts publiques de leur haleine. D'vne proposition particuliere, il infere des crimes vniuersels : il veut que l'opinion d'vn seul, soit l'erreur & le peché de seize mille innocẽs: & d'vne tache d'vn membre, il fait la corruption d'vn corps étendu par toute la Nature. Il veut qu'en quelque part de la terre ou de la mer, qu'vn Iesuite aura auancé inconsiderément vne proposition indiscrete ou temeraire, tous les autres qui sont épandus par le monde, soient contables de cette temerité; quoy qu'elle ne leur soit jamais entrée dans l'esprit, quoy qu'ils ayent d'autres sentimens; quoy que par escrit & de viue voix ils ayent enseigné tout le contraire.

Premiere espece d'imposture de l'Autheur de la Theologie Morale.

Cét homme a-t'il connoissance du droict de Nature? a-t'il jamais ouy parler des Loix & de la Iustice? voit-il à combien de Maisons, à combien de Cõmunautez, à combien de Compagnies

Ecclesiastiques & Seculieres il met le feu auec ce Libelle ? il veut que l'on abatte vn arbre, pour vne chenille qui s'est attachée à vne feüille: il veut démolir vne maison, pour vne petite pierre qui se dement, ou pour vne planche qui est vermoluë: il veut briser vne figure excellente & de grand prix, pour vn cheueu qui n'est pas en sa place, ou pour vn ongle qui deborde.

Nous ne sommes pas si presomptueux, que nous croyons estre impeccables & infaillibles. Les plus beaux Astres, ont leurs taches & leurs eclypses, leurs égaremens & leurs chuttes: les plus beaux corps ont leurs foiblesses & leurs maladies: & les Cherubins de l'Arche, qui auoient des testes d'hommes & des pieds d'animaux, nous apprennent bien que dans les plus saintes Maisons, & dans les Compagnies les plus illuminées, il y a de l'intelligence & de la matiere, du ciel & de la terre, des parties hautes & des parties basses. Mais aussi, comme chacun de nous a sa teste & son cœur à part, il a aussi ses sentimens & ses passions qui luy sont propres: & les defauts des particuliers estant reprouuez de l'institut qui est l'ame de ce corps, & con-

Tous les hommes sont sujets à faillir.

Vne tâche en vne partie ne peut faire la corruption de tout vn corps.

damnez de ceux qui en sent les parties nobles, on ne peut pas dire raisonnablement, que le corps soit corrompu, quoy qu'il y ait des membres imparfaits & des parties qui ont des tâches. Et en cela se voit la malignite de nos aduersaires, qui n'ayant aucun égard à la saincte Doctrine de la teste, a la bonne disposition du cœur, ny au pur esprit qui anime tout ce Grand corps, s'arrestent à vne tâche de quelque petite partie retirée & hors de veüe, & l'imputent malicieusement à toutes les autres, qui en sont saines, & qui ne l'auroient pas soufferte si elles y auoient pris garde.

Les SS Peres, les Côciles, les Vniuersitez & tous les Corps Ecclesiastiques &

Et certainement ie ne vois point de compagnie dans l'Eglise ny dans l'Estat, à qui il ne faille donner des Commissaires, & faire le procez, s'il est permis d'estendre ainsi les fautes & les erreurs, & d'appeller en Iustice les amis pour leurs amis, & les freres pour les freres: des demain il s'esleuera quelque predicant possedé du demon de Geneue, qui tirera des escrits des Peres, toutes les propositions ambiguës, & toutes les erreurs qu'ils y ont laissees de bonne foy, & sans les connoistre; & en fera vn recueil qu'il appellera Theologie des Peres Catholiques. Le l'endemain, vn autre ramassera les opinions parciculieres de quelques Peres du Concile de Trente, principalement des Euesques de la faction de Charle Quint, & en fera vn Concile Heresiarque & vne assemblee de Schismatiques. Deux iours apres, vn troisiesme fera vn pareil extraict d'Abaillard, du Maistre des Sentences, de Maior, de Hugues de Sainct Victor, de Gerson, de Iean Petit, de Tanquerel, & d'autres plus modernes & en composera vne Theologie odieuse qu'il imputera à l'Vniuersité de Paris; Les Peres Cordeliers seront battus de semblables Rapsodies, compilees Dockam, de Scot & de leurs semblables: on en fera autant aux Peres Dominicains sur les propositions de Durand, du Cardinal Cajetan, & de Catharin son censeur, qui ne donne pas moins de prise que luy aux Inquisiteurs & aux Scindicques: & generalement il n'y aura point de Corps si Innocent qu'on ne traitte en criminel, & qui ne soit mis sur la presse, & liuré aux Colporteurs. L'Eglise elle-mesme, s'il estoit permis de la iuger par les defauts des

Seculiers sont enterressez dans l'imposture de l'Autheur de la Theologie Morale.

particuliers, ne seroit pas en seureté ny sans reproche : Cette Arche a aussi ses vers, & ses araignées : Ce grand Arbre a ses branches mortes & ses chenilles ; ceste Belle a ses membres languissantes & sa partie malade.

La doctrine d'vn Iesuite n'est pas la Doctrine de tout le corps.

Que si l'on oppose, que la Doctrine de ces Illustres Compagnies, ne doit pas estre iugée par les sentimens des particuliers, Pourquoy ne se paye-t'on pas de la mesme raison quand nous l'auançons : Perd elle son poids & son prix entre nos mains ? y change t'elle d'alloy & de marque ? Pourquoy ne nous fait on pas là dessus la mesme Iustice qui est faite à tous les autres ? Croit-on qu'en fait de Doctrine, nous ayons tous les mesmes veües & les mesmes lumieres ? & qu'en tout ce que nous sommes, il n'y ait qu'vn entendement commun & general, pareil à celuy qu'vn Philosophe resueur s'est imaginé qui fust en tous les hommes.

Qu'on sçache donc, que la seruitude Pythagorique n'a point encor esté introduite parmy nous : que nous n'auons point d'Oracle domestique, qui regle nos sentimens & nostre creance : & qu'il ne s'est point encore eleué d'Autheur parmy nous, dont les Opinions ayent esté mises en dogmes & en maximes. Nous ne croyons ny en Suarez, ny en Vasquez, ny en Molina: nous n'auons pas receu d'eux nostre Symbole, ny n'auons iuré sur leur doctrine; nous croyons simplement en Iesus-Christ, & en son Euangile, & ne faisons profession expresse, & particuliere, que la doctrine de Eglise; & en general de celle qui est receuë des Vniuersitez Catholiques. Tout ce qui n'est point aduoüé de cette souueraine Maistresse des fideles, est excommunié de chez nous: Et si par inconsideration, comme toute raison humaine est fautiue, il arriue à vn particulier de prendre quelque opinion, qui semble s'escarter de la doctrine commune, on ne se contente pas d'y appliquer la censure & la retractation, on y applique encore l'interdiction & l'Anatheme. Si ie voulois, ie pourrois le verifier par la punition de quelques Professeurs, qui ont esté interdits de leurs chaires, pour auoir voulu suiure certains Autheurs auanturiers & volontaires, qui ont creu qu'ils seroient plus regardez, s'ils faisoient bande à part, que

Quelle est la commune creance des Iesuites

s'ils se joignoient aux autres, & marchoient en troupe.

En quel sens les Iesuites sont obligez d'auoir les mesmes sentimens & les mesmes opinions

C'est en ce sens qu'il faut prendre la regle, qui nous ordonne d'auoir tous les mesmes sentimens, & d'estre de mesme opinion autant qu'il est possible. Celuy-là en feroit vne interpretation ridicule, qui croiroit que nous ne pussions auoir qu'vne maniere de sentimens, & que tous nos aduis dussent estre de mesme forme : comme s'il y auoit chez nous des moules d'opinions, où nos Theologiens & nos Philosophes fussent obligez d'aller mettre leurs esprits, pour y prendre vne doctrine de mesme trait, & de mesme figure. Et par la mesme raison, on pourroit encore inferer, que la regle qui nous commande de dire tous le mesme, entend que nous recouurions le priuilege des premiers hommes, & que nous ne parlions tous qu'vne langue. Hors des matieres de la Foy, chacun de nous a vne honneste liberté de suiure ses gousts & ses veuës particulieres : toutes nos disputes sont ciuiles & respectueuses, & la Charité n'est iamais blessée en nos combats, qui ne se font que d'enthymemes & de syllogiſmes. Cependant il ſemble qu'vn Guelfe autrefois n'eſtoit pas plus ennemy d'vn Gibellin, & en Angleterre ceux de la Roſe Blanche, n'eſtoient pas plus contraires à ceux de la Rouge, qu'vn Theologien dans nos Eſcoles, eſt contraire à vn Theologien, & vn Philoſophe à vn Philoſophe : & s'il y auoit autant de couleurs qu'il y a d'opinions differentes, tous les artifices des teinturiers n'y pourroient pas ſuffire.

La regle donc qui veut que nous apprenions la langue des pays où nous viuons, veut auſſi que hors des matieres que l'Egliſe a determinées, nous ſuiuions les plus probables opinions des Vniuerſitez eſtablies aux lieux où nous ſommes. Elle veut que de quelque part que nous aillions, nous ne quittions iamais le ſens commun, les ſentimens des Sages; & c'eſt ce qu'elle appelle auoir les meſmes ſentimens, & les meſmes opinions:parce qu'encore qu'elles ſoient diuiſées & differentes d'ailleurs, elles ſe reſſemblent toutes pourtant dans le ſens commun, qui eſt la commune regle qui les egale. Si le Profeſſeur qui a donné lieu à ces bruits, ſe ſuſt fust souuenu de cette regle ; s'il ne se fust point ecarté de la route battuë par ceux de son Corps, pour aller apres des Estrangers, il nous eust bien épargné des plaintes, & n'eust pas attiré sur soy tant de bruit & tant de Requestes.

Or si les plus celebres & les plus renommez de nos Autheurs, ne nous donnent point d'articles de Foy, ny ne font de Secte parmy nous. Si la doctrine de ces parties si nobles & si claires n'est pas la doctrine du Corps; nos Accusateurs & leurs adherans ne sont-ils pas les plus iniustes de tous les hommes, de vouloir que nous ayons tous iuré sur la parole d'vn Professeur, qui n'est pas connu à deux pas de sa chaire, & qui tout au plus est dans la Compagnie, ce qu'vn petit poil est dans vn Geant, ce qu'vne feüille est dans vn grand Chesne? l'importance est, que si par inconsideration ou par méprise, il luy est échappé quelque proposition odieuse, quoy que cette proposition ait esté condamnée de toute vne troupe d'Autheurs Iesuites de reputation & de credit, nos Ennemis veulent que nous ayons abandonné ces Autheurs de credit & de re-

Procedé iniuste de l'Autheur de la Theologie Morale, & des ennemis des Iesuites.

putation, pour courir apres ce nouueau venu : ils veulent qu'il soit à toute nostre Compagnie, ce qu'Adam fut à toute sa race : ils en font nostre Pecheur general & public : ils veulent que tous ses sentimens soient les nostres : & à peine nous permettent-ils d'auoir d'autres yeux que les siens, ny de parler que par sa bouche.

SECTION II.

Exemples de l'imposture precedente, où il est monstré que la Doctrine imputée aux Iesuites a esté condamnée de leurs plus celebres Autheurs, & enseignée dans l'Vniuersité de Paris.

AGissons par demonstration, & donnons des exemples de cette iniustice. On a fait vn procez aux Escrits d'vn Professeur du College de Clermōt; on a enuoyé contre eux des Commissaires & des Sergens ; & vne maison de Voleurs n'eust pas esté assiegée auec plus d'appareil. Apres tout, on en a tiré quelques propositions veritablement temeraires & odieuses ; & le Compilateur, & apres luy les Autheurs des Requestes presentées contre nous, les ont traisnées par les ruës : & en ont fait des criminelles, parce qu'elles ont esté veuës en la Classe de ce Professeur, qui les y auoit fait venir d'ailleurs auec plus d'inconsideration que de malice.

La premiere proposition est, qu'vne Fille ou vne Femme qui auroit esté violée malgré elle, pourroit par quelque voye s'empescher de conceuoir, afin de conseruer au moins sa vertu exterieure, & la seconde partie de son honneur, & peut-estre encore sa vie qui seroit en danger si elle estoit mariée. A cette proposition, que la pretenduë Theologie Morale nous auoit desia reprochée, la Requeste en a adiousté vne seconde, par laquelle le mesme Professeur semble excuser de peché, la sterilité non naturelle & procurée, au regard des Femmes, à qui apparemment, & de l'aduis des Medecins, les couches sont mortelles, quand leurs Marys ne veulent pas consentir à leur conseruation par vne voye plus honneste & plus chrestienne, & y contribuer leur continence & leur merite.

La troisiesme porte : qu'vn homme qui

feroit opprimé par vn Calomniateur, & ne pourroit arrester cette violence iniurieuse à son honneur, & dangereuse à sa vie, ny par aucun aduertissement, ny par prieres aucunes ; pourroit en ce cas se seruir du dernier moyen, que la Nature a laissé à ceux qui sont opprimez: & faire pour la conseruation de son honneur & de sa vie, ce qu'il feroit dans vn bois pour conseruer sa bourse.

A ces trois propositions, les Autheurs de la Requeste en ont adiousté trois autres, qui regardent les mauuais Princes, & les Duels : & particulierement celle où il est dit, qu'vn Caualier frappé d'vn baston, dans le premier sentiment de l'iniure, s'en peut faire raison auec l'espée.

Cette derniere proposition, & la troisiéme qui permet la mort d'vn Calomniateur, dans les circonstances que i'ay rapportées, ont fait le plus grand bruit : & les Autheurs de la Requeste ont bandé contre elles leurs plus hautes exagerations, & leurs plus ardantes figures. Mais certes, s'ils eussent mieux éprouué les armes qu'ils employoient contre nous ; s'ils eussent reconnu de plus prés les endroits par où ils auoient à nous batre; leurs figures & leurs exagerations ne seroient pas retombées sur eux : ils n'auroient pas esté blessez les premiers des consequences qu'ils en sont tirees : & il ne leur seroit pas arriué comme aux Philistins frappez d'aueuglement, qui se défaisoient eux-mesmes, en croyant défaire les Israëlites.

Les Requestes & les procez intētez aux Iesuites retombent sur leurs aduersaires.

En cela pourtant il n'y auroit rien de fort estrange, si l'entreprise s'estoit faite tumultuairement & à l'aduanture, & si leur Requeste auoit esté vne attaque donnée de nuit & en desordre. En de semblables occasions, les freres & les amis ne se reconnoissent pas ; les plus adroits & les mieux aguerris se blessent de leurs propres armes ; & les machines se déchargent quelquefois sur ceux-là mesme qui les pointent. Mais qu'aprés tant de deliberations & tant d'Assemblées, que dans vn dessein formé sur tant d'auis, & executé aux yeux de toute la Cour, & à la face du Parlement, ils ayent eu la hardiesse ou l'imprudence, d'éleuer contre nous des charges qui deuoient retomber sur leurs testes ; qu'ils nous ayent accusez d'vne Doctrine qui est entrée en France par leur

Maison, qui a esté plus de quarante ans de la Sorbonne, & qui est en fin sortie en public sous le nom d'vn premier Professeur Royal, & auec Approbation de la Faculté; c'est ce qui est si étrange, & si éloigné de toute apparence, que ceux-là mesme à qui on l'a monstré, n'en ont pû croire leurs yeux sur la premiere veuë.

Mõsieur Du Val a enseigné la Doctrine qu'on impute aux Iesuites.

Monsieur Du Val au second Tome de ses œuures imprimées à Paris, & approuuées par deux Docteurs anciens & de probité reconnuë, au Traité second de la Charité, en la question dix-septiesme, article premier, où il traite du Duel, apres auoir monstré doctement que le Duel ne peut estre permis en aucune occasion; propose le cas d'vn Gentilhomme, qui seroit ou attaqué ou frappé d'vn baston par vn roturier, & demande s'il ne pourroit pas s'en defendre, ou s'en venger auec l'espée, & le tuer s'il n'auoit point d'autre moyen de se garantir de cette iniure. Le cas ainsi proposé, il le decide en ces termes: *Respondeo, disparem esse rationem huius percussionis, & duellorum, quia in ipsa repercussione habetur ratio tuitionis & doloris, quo tunc*

Dices, si quis plebeius virũ nobilem baculo aggrediatur, vel quod vilius est, & probrosius, colo muliebri percutiat, nunquid se tueri, & veluti vindicare gladio, & aduersarium, ne ab ipso his instrumentis percutiatur, occidere poterit, si aliter non possit hanc pudorosam percussionem euadere.

Doctrine de Mõsieur Du Val.

ipse nobilis afficitur, vt patet. Voila comme ce grand Homme est tombé pour ce cas dans la Doctrine qu'on reproche à nostre Professeur. Mais comme i'ay déja dit, les plus grands Astres ont leurs taches & leurs eclipses. Et si sainct Augustin a pû faire tout vn Liure de Retractations, Monsieur Du Val à bien pû laisser dequoy en faire deux Articles.

Vn peu plus bas, il propose le Cas d'vn Homme opprimé de calomnies importantes à son honneur & à sa vie. Il est vray que la proposition qu'il en fait, est plus exacte, plus expresse, & plus particulierement circonstanciée, que celle qui s'est treuuée dans les Escrits de nostre Professeur, qui selon la coustume des Regens, qui ne veulent pas charger de papier leurs Disciples, auoit reserué les circonstances à l'explication qu'il faisoit de viue voix. En substance pourtant, la proposition de l'vn & de l'autre est la mesme; & le Professeur qui s'est seruy des termes de *crime* & de *crimination*, qui ne regardent proprement selon la Doctrine des Iurisconsultes, que les cas enormes & punissables en Iustice, a crû dire en deux mots tout ce que Monsieur Du Val a dit en trois lignes. Mais le scandale de cette Doctrine, n'est pas en la proposition qui n'affirme rien : il est dans la decision qui conclut & qui fait dogme : & la decision de Monsieur Du Val, authorisant vn meurtre fait en cachette & d'authorité priuée ; la Doctrine de l'vn & de l'autre est en ce point également scandaleuse, également digne de censure, également dangereuse à la seureté des Particuliers & à la tranquillité publique. Voicy les propres termes de Monsieur Du Val, que ie ne rapporteray point en François, de peur de mettre vne seconde pierre d'achoppement deuant les yeux du Peuple ; & d'acheuer le scandale que nos Aduersaires ont commencé. *Instabis, potest contingere vt vita, fama, fortunæ, ruina totius familiæ, aliàs nobilissimæ, & honestissimæ, simul apud iudicem per calumniam, non tantùm periclitentur, sed etiam infallibiliter ea omnia perdenda sint, nisi contra calumniatorem in duello pugnem, vt pote si alicui crimen perduellionis per falsos testes impingeretur. Respondeo adhuc in hoc casu non posse offerri, & suscipi duellum; si quidem non debet innocens vi-*

Doctrine de Mõsieur Du Val

tam ſuam euidenti periculo exponere, ad ſe ſuámque familiam conſeruandam; poteſt quidem eum occultè occidere, ſi nulla alia via ad eam euadendam ſuperſit, quia ſic eſt vim vi repellere.

Que peuuent dire à cela nos Faiſeurs de Requeſtes? que peuuent-ils oppoſer à cette Doctrine? la ſouſtiendront-ils en ce ſens & en ces termes deuant le Parlement? toutes leurs figures ſont elles épuiſées? reconnoiſſent-ils ces mots contre leſquels ils ſe ſont écriez auec tant de chaleur? *Poteſt occultè occidere.* N'eſt-ce pas contre ce Point, qu'il y a eu tant de libelles laſchez & tant de Requeſtes dreſſées? n'eſt-ce pas de là qu'ils ont tiré tant de conſequences de mauuaiſe augure? n'eſt-ce pas là deſſus qu'ils ont fondé tant de ſuiets de Tragedies? diront-ils qu'ils n'auoient iamais ouy parler de cét Autheur, & qu'ils ne connoiſſent point ſa Doctrine? Ils n'ont certes gueres d'habitude auec leurs anciens Maiſtres; ils ſont bien eſtrangers en leur propre Maiſon; & ſe ſeruent fort mal des Lumieres que Dieu y a miſes, s'ils ne ſe ſont approchez ſouuent de Monſieur Du Val, & n'ont eſté illuminez de ſon Eſprit & de ſa ſcience.

La voix de ce grand Homme retentit encor en leurs Escholes ; la Sorbonne est encor éclairée de son Nom & de ses Escrits ; & il n'est pas iusques à sa Memoire & à son Monument, dont il ne sorte de l'instruction & de bons exemples.

Mais s'ils n'ont pas esté ignorans de sa Doctrine : s'ils l'ont leuë dans ses Oeuures, & l'ont ouye dans leur Chaire, quel titre & quelle couleur peuuent-ils donner au procez qu'ils nous ont fait sur cette mesme Doctrine enseignée par vn de nos Professeurs ? par quels Sophismes & auec quel plastre de mauuaises raisons persuaderont-ils au Public, que c'est à la Doctrine & non pas aux Personnes qu'ils en veulent ? Si elle est scandaleuse & suiette à de pernicieuses consequences ; où estoit leur zele quand Monsieur Du Val l'enseignoit dans leurs Escoles ? où estoient leurs Commissaires, quand il la fit imprimer en si grande forme ? n'auoient-ils pas encor appris à faire des procez verbaux, & à dresser des Requestes ? leurs exagerations & leurs grandes figures n'estoient-elles pas encores iettées en moule ? ne sçauoient-ils pas encore comme on dit de grandes iniures &

comme on tire de fausses consequences? Que si la Doctrine est probable, pourquoy l'ont-ils tirée deuant le Parlement & traitée en criminelle? pourquoy l'ont ils poursuiuie auec des cris, auec des Libelles, auec des Requestes reïterées & importunes aux Magistrats & à la Iustice? feront-ils accroire au Public, que les eaux qui sont salutaires chez eux, s'empoisonnent si tost qu'elles entrent chez nous? persuaderont-ils que le scandale de cette Doctrine, a commencé par le Iesuite qui l'a tirée de dehors? & qu'elle a perdu entre ses mains sa probabilité & son innocence?

Nous respectons veritablement la Memoire de Monsieur Du Val, comme nous auons chery sa personne durant sa vie: ses Oeuures qui sont sa Posterité, ont vne place honorable dans nos Bibliotheques: & nous faisons encor tous les iours mention de sa Vertu & de sa Science auec eloge. Nous ne doutons point aussi, qu'en quelque part du Ciel que Dieu l'ait mis, il ne condamne les Autheurs de cette broüillerie: & ne voye auec vne satisfaction particuliere, ses doctes Oeuures, les Enfans de son Esprit, interuenir en cette Cause, & defendre nostre innocence. Et à vray dire, il y va plus de son interest que du nostre: on ne peut nous condamner & l'absoudre: & si nostre Professeur est coupable, pour s'estre laissé tromper en sa ieunesse, & dés les premieres années de sa Regence, & auoir proposé vne dangereuse doctrine à douze Escoliers; que fera-t'on à la Memoire de celuy qui a vieilly dans la mesme doctrine? qui l'a le premier introduite en France? qui l'a exposée tant d'années dans la premiere Chaire du Royaume? qui l'a renduë publique par l'impression qu'il en a fait faire? qui luy a donné son nom, son credit, & son authorité?

Et en cét endroit, si nous voulions employer la Dialectique de nos Aduersaires, & par des consequences de mesme forme que les leurs, passer des membres aux Corps, & des Particuliers aux Communautez: il nous seroit facile, de monstrer que la doctrine dont ils nous accusent, se peut dire auec plus de raison, & à meilleur titre, la doctrine de l'Vniuersité, que la doctrine des Iesuites. Monsieur Du Val a esté vn des plus nobles & des plus illustres membres du Corps; il a tenu auec honneur vne

La Doctrine imputée aux Iesuites est moins leur Doctrine que celle de l'Vniuersité.

Chaire Royale plus de quarante ans ; la plus part des Docteurs d'auiourd'huy sont de son institution & de sa nourriture ; & il a laissé apres soy vn Party, qui non seulement est le plus sain & le plus authorisé, mais encore le plus nombreux & le plus considerable. Nostre Professeur n'est pas de cette taille là, ny n'a tant de relief : son estime & son authorité sont encore à naistre : son nom n'auoit pas esté vû hors du logis, auant les Libelles de ses Accusateurs : & vn credit à faire n'auoit garde de faire vne Secte, ny d'éleuer vne opinion sur vne authorité inconnuë.

Dauantage, la Doctrine dont il s'agit, a paru aussi long temps en Sorbonne que Monsieur Du Val : elle a esté publiée auec eloge & approbation de deux Docteurs de marque & surannez : & on n'en sçauroit alleguer vn seul de leur Corps qui l'ait combatuë. Elle n'a point paru chez nous si solennellement : & encore moins en est-elle sortie en grand volume & auec pompe. Elle n'y fust pas plustost découuerte, que le Professeur qui l'y auoit apportée en fut repris : & la retractation eust suiuy l'erreur dés le lendemain, si l'on n'eust ap-

La Doctrine qu'on impute aux Iesuites, a esté cõ-

prehendé de répandre le venin, en y apportant vn remede public. En fin il ne peut estre reproché à aucun Iesuite François de l'auoir imprimée : & en tous les lieux du monde où la Theologie s'enseigne, elle a trouué des Autheurs Iesuites qui se sont esleuez contre elle. Filliucius luy a resisté fortement en Italie : Vasquez, Turrianus, & Suarez en Espagne ; Lessius & Conink au Pays-bas ; Layman en Allemagne ; Reginaldus & Gourdon en France.

Fill. tom. 2. tract. 29. c. 3. q. 7. dicto. 4. Vasq. de restit. c. 2. §. 1. dub. 7. nu. 24. & dub. 9. Turrianus in 2. 2. tom. 2. disp. 27. dub. 2. num. 10. Suar. tract. de Charit. disp. 13. sect. vlt. Lessius lib. 2. de Iust. c. 9. dub. 8. & 11. Conink de actibus supernat. disp. 32. d. 2. nu. 12. Layman. lib. 3. sect. 5. tr. 3. Regin. tom. 2. li. 21. nu. 63. ad finem. Gord. lib. 5. de restit. q. 4. c. 1. §. 3. nu. 8.

La Doctrine qu'on impute aux Iesuites, a esté cõbatue en tous les lieux du Monde, par des Auteurs Iesuites.

Si nos Aduersaires auoient sur nous en ce Point, les mesmes auantages que nous auons sur eux, ils sçauroient bien les faire valoir: ils ne nous épargneroient pas les hautes amplifications, ny les consequences vniuerselles & de grande estenduë : & nous n'auons pas vn Autheur, contre lequel il n'y eust trois procez intentez, & six Requestes dressées. Mais que cette Doctrine soit la leur, ou ne la soit pas ; qu'ils confirment l'Approbation qu'ils luy ont donnée dans les Oeuures de Monsieur Du Val, ou qu'ils la luy reuoquent ; cela n'est pas de nostre fait : & nous n'auons entrepris ce Manifeste, que pour iustifier nostre Innocence, & faire sçauoir au Public, que c'est faussement que cete Doctrine nous est imputée : que nous l'estimons erronée, pernicieuse, & de tres-mauuais exemple : & que le Professeur qui en a esté trouué saisi l'a apportée de dehors; soit qu'il l'ait fait venir de loin, soit qu'il l'ait pris dans le voisinage. Cependant cét eschantillon extraict des Oeuures de Monsieur Du Val, fera voir à nos Aduersaires, que si nous voulions lire leurs Liures auec esprit d'animosité & de chicane, nous pourrions bien y treuuer force matiere de Libelles, & de procez verbaux : & que les Requestes qu'ils ont presentées, ne concluent rien contre nous, ou qu'elles concluent contre la Sorbonne.

Reprenons par ordre les propositions accusées : & afin que nos Aduersaires ne dient pas qu'il y ait de la contrainte ou de la collusion au desaueu que nous en auons fait : & que c'est vne piece de fraische datte, & produite à l'occasion des affaires presentes; qu'ils enuoyent leurs Commissaires & leurs Sergens à Vasquez, à Lessius, à Azor, à Fagondez, à Henriquez, au Cardinal de Lugo, & les fassent interroger l'vn apres l'autre sur la proposition qui regarde les filles violées;

Auteurs Iesuites qui ont combatu les trois pro

Lessius de Iust. & Iure li. 2. c. 9. dub. 10. nu. 21. Azor. parte 2. lib. 2. cap. 26. Fagun. lib. 6. to. 2. cap. 3. Henr. lib. 11. de Matr. c. 16. n. 8. Cardin. de Lugo de Iustit. & Iure disp. 10. sect. 5. nu. 131. vbi citat Vas. c. 3. de rest. §. 2. dub. 6. n. 52. Sanchez lib. 9. disp. 20. Turrian. in 2. 2. dist. 26. dub. 2. nu. 4. Theoph. Raynaud. de ortu infant. c. 10. nu. 42. qui & citat Tolet. li. 5. c. 6. & Torrez to. 2. in 2. 2. d. 26. dub. 2. Vasq. de restit. c. 2. §. 1. dub. 7. n. 24. & dub. 9. Lessius lib. 2. de Iust. c. 9. dub. 8. & 12. Suar. tract. de Charit. disp. 13. sect. vlt. Fili. tom. 2. tract. 29. c. 3. q. 7. dicto 4. Conink. de actibus supern. disp. 32. d. 2. num. 12. Turrianus in 2. 2. tom. 2. dis. 27. dub. 2. num. 10. Regin. t. 2. l. 21. num. 63. ad fin. Gord. lib. 5. de restit. qu. 4. ca. 1. §. 3. num. 8.

s'il s'en treuue pas vn d'eux qui leur permette de rien attenter, sur leur fruit, mesme auant qu'il ait vie, pour la conseruation de leur honneur, qu'ils luy fassent faire son procez: & si les simples Censures ne leur suffisent, qu'ils attirent encor des excommunications & des anathemes sur sa Memoire.

Positions imputées faussement aux Iesuites.

Qu'ils examinent sur la seconde proposition, Tolete, Sanchez, Turrianus, Torrez, Theofile, Raynaud, & les autres Iesuites: & s'ils permettent aux Femmes de prendre des breuuages de sterilité pour la conseruation de leur vie: qu'ils erigent cõtre eux vne Chambre ardente, & fassent condamner aux Sanbenis de l'Inquisition leurs fantômes & leurs Liures. Qu'ils continuent le mesme procedé sur la proposition qui regarde le meurtre des Calomniateurs: qu'ils interrogẽt encor Vasquez, Lessius, Suarez, & leur adioustent Filliucius, Conink, Turrian, Reginaldus, Gourdon; qu'ils leur donnent la question extraordinaire, si l'ordinaire leur semble trop douce, pourueu qu'ils ne les démembrent point, ils ne tireront d'eux autre chose que la condamnation de ces meurtres.

Voicy

Voicy en termes exprés la sentence que Reginaldus, qui estoit François & Iesuite, pronõce sur cette question: *Pars negans est sequenda, quia in iure defensionis, semper est considerandum ne vsus illius vergat in Reipublicæ perniciem; nec dubium est quin sequendo affirmantem, præbeatur occasio multis cædibus occultis, cum magna Reipublicæ perturbatione.* C'est à dire en nostre Langue, que la Doctrine qui étend le droit de defense à ces moyens violens & sanguinaires, ne peut estre aucunement suiuie: & que la contraire est la seule qu'on doit suiure: parce que dans le cas où il s'agit du droict de defense, il faut prendre garde sur tout, que l'vsage n'en soit point pernicieux au Bien commun: & il est certain, que l'opinion qui permettroit ces defenses violentes, donneroit lieu à quantité de meurtres clandestins, auec vn trouble general de la Republique.

Sentẽce remarquable renduë par vn Auteur Iesuite cõtre la troisiesme proposition.

Reginal. tom. 1. lib. 21. num. 71 ad fin.

Ce n'est pas là vne declaration tirée par force: ce n'est pas vne piece de nouuelle edition, & faite d'auanthier, pour parer à vne Requeste. Celuy qui l'a laissée par escrit, & tous les autres Autheurs Iesuites, qui sont de mesme opinion que luy, n'ont pas apprehendé qu'on dûst faire le procez à leur memoire, ny que l'Vniuersité de Paris dûst vn iour informer contre eux : & si on ne veut les eriger en Profetes apres leur mort; on ne dira pas que ces paroles soient des charmes, qu'ils nous ont laissez, pour coniurer la tempeste qui nous est arriuée.

Et en cet endroit, ie demande à nos Aduersaires, par quel motif, par quel Esprit, par quelle loy du Digeste ou du Code, ils veulent que nous soyons tous condãnez sur l'Escrit d'vn Professeur: & ils ne veulent pas que nous soyons declarez innocens, sur le desaueu si autentique & si solemnel, qui en a esté fait par tant d'Autheurs de si bonne marque & si celebres? Ont-ils iamais oüy parler d'eux? pensent ils les faire passer pour des Enfans qu'on a supposez à nostre Mere? veulent-ils point leur oster nostre habit apres leur mort, & les faire renoncer à leur profession & à leur second Baptesme? veulent-ils effacer leurs noms de leurs Liures, qui sont leurs Monumens? feront-ils declarer par Lettres patẽtes, qu'ils n'ont iamais esté Iesuites? Et s'ils ne peuuent nier qu'ils ayẽt esté Iesuites; pourquoy veulent-ils que nonobstant la Doctrine qui s'est répanduë chez nous, de tant de Sources si pures & si nettes, nous soyōs tous gastez de deux goutes d'eau boüeuses, qu'vn Professeur a fait venir de dehors? C'est vn autre iniustice qui découure encore mieux l'Esprit qui possede nos Aduersaires. Ils ne se contentent pas de supprimer les preuues iustificatiues de nostre innocence, qui a autant de témoins publics, qu'il y a d'Autheurs Iesuites qui ont condamné ces opinions odieuses qu'ils nous imputent: ils veulent encore que nous payons pour nos Voisins; & afin de nous accabler de la haine de ces erreurs, ils en déchargent les Autheurs primitifs, & les reiettent sur nous.

[...]iusti[...]e des [...]alōnia[...]eurs des [...]esuites.

SECTION III.

Autre exemple de la premiere Imposture, où paresſt l'Innocence des Iesuites & l'iniustice de leurs Aduerairses.

COMME si nous n'eussions pas esté assez noircis de ces trois suppositions, les Auteurs de la premiere Requeste y en ont aiousté vne quatriéme de plus mauuaise teinture : & nous ont voulu faire vn procés encor plus criminel, sur vne particule de Grammaire. Nous auoüons que le Professeur qu'on accuse, a fait contre l'expresse ordonnance de nos Superieurs, en ce qu'il a mué la question qui regarde les mauuais Princes. Mais on nous doit auoüer aussi, qu'il s'est tenu aux termes des anciens Arrests du Parlement, par lesquels il est defendu de se departir en cecy, de la Doctrine du Concile de Constance : & les esprits libres & sans passion, sont encor à treuuer en quoy il a failly.

La Doctrine du Professeur Iesuite en ce qui regarde les Princes, est cõforme au Concile de Constãce, & aux Arrests du Parlement.

Il a enseigné vniuersellement, que les personnes des Rois sont Sacrées, & qu'elles doiuent estre inuiolables : que n'ayant point de Superieurs en Terre, ceux-là mesme qui abusent de leur pouuoir, doiuent estre laissez au iugement de Dieu, & aux formes de l'autre vie : que c'est vne heresie, de soustenir qu'on puisse entreprendre sur eux, & se faire iustice de leurs violences. Et pour appuyer sa raison particuliere de l'authorité publique, & faire parler l'Eglise en vn cas si important, il a produit vn Decret du Cõcile de Constan-

Aduersus hunc errorem satagés hæc sancta Synodus insurgere, & ipsum funce, qui confirme ceste Doctrine, & condamne auec anatheme, celle qui luy est contraire. Pouuoit-il faire dauantage? pouuoit-il donner aux Princes, vn Corps de Garde plus inuincible & plus asseuré qu'vn Concile? pouuoit-il les defendre auec des armes plus fortes & plus terribles que l'Excommunication & l'Anatheme.

ditus tollere, præhabitâ deliberatione maturâ, declarat, decernit, definit huiusmodi doctrinam erroneam esse in fide, & in moribus, ipsámque tanquam hæreticam, scandalosam, &c. *Concil. Const. sess. 15.*

Neantmoins parce qu'apres des propositions si generales, si claires & si distinctes, il a donné vne conclusion contradictoire à celle du Docteur Iean Petit, & l'a exprimée par vn *Quilibet* qui reuient à son *Quicumque*, qui a mesme signification & mesme estenduë, & qu'il ne pouuoit changer sans alterer le decret du Concile, & violer vne chose saincte; on veut qu'il ait biaisé, & que d'vne assertion saine & expresse, appuyée d'vne preuue aussi expresse & aussi saine, il ait tiré vne consequence maligne & embroüillée. Peut-on se figurer vn procedé plus simple & plus innocent en cette matiere, que celuy de l'Accusé? peut-on en imaginer vn plus captieux, ny plus enuenimé que celuy des Accusateurs? & quand ce terme ne seroit point du Cõcile, en pou-

Quilibet Tyrannus per quemcumque vassalum vel subditum, &c. *Ibid.*

roit-on faire vn crime d'Estat? En quel pays a-t'on iamais fondé des procés de cette importance, sur vne chicane de Grammaire? y a-t'il quelque Loy dans le Code qui ordonne des supplices aux incongruitez & aux mauuais termes; & nos Aduersaires ne sont-ils pas étranges, d'auoir sonné contre nous l'allarme à toutes les portes, d'auoir soûleué toute la ville, & remué toutes les Puissances, pour vne particule Latine mise hors de sa place, pour vne regle de Rudiment violée? Certes s'il estoit permis, d'eriger ainsi en crimes de leze Majesté les fautes de Grammaire, le danger ne seroit gueres moins grand de parler que d'aualer du poisõ: & il vaudroit bien mieux estre muet, que de s'exposer à estre criminel d'Estat, en prenant vn mot pour vn autre.

Iniustice des Accusateurs, de fonder vn crime d'Estat sur vne particule de Grãmaire.

Si les Autheurs de la Requeste eussent bien sceu l'histoire du Concile de Constance; s'ils eussent ouy parler du Docteur Iean Petit, qui attira sur sa teste le Decret de l'Anatheme, qui sont alleguez par nostre Professeur, peut-estre n'eussent-ils pas fait tant de bruit: & en cherchant à nous piquer, ils ne se fussent pas exposez à se faire mor-

Reflexiõ remarquable sur le decret du Concile de Constance.

dre. Mais qu'ils n'apprehendent rien, nous n'vserons pas de la prise qu'ils nous donnent ; ny ne les frapperons par où ils se découurent, & nous leur montrerons que la Charité attaquée sçait bien se defendre, & épargner ses Aduersaires. Qu'ils aillent eux-mesmes consulter le Concile de Constance sur cette matiere ; ils apprendront-là de quelle Vniuersité estoit Maistre Iean Petit, sur lequel fut lasché l'Anatheme & le Decret que le Concile fit pour la seureté des Princes. Et s'ils veulent estre encor mieux informez des erreurs de ce Docteur, sur le cas dont il s'agit, le Chancelier Gerson leur en donnera vne liste.

Parte 1. de erroribus circa fidem & circa præceptum, *Non occides*, & assert. Ioan. Parui.

Nous ne le disons point par reproche : Dieu qui voit le secret des cœurs, voit bien s'il y a vne goutte de fiel dans les nostres : nous le disons seulement pour apprendre à nos Accusateurs, qu'il n'y a point de si beau Corps qui n'ait quelque tâche ; qu'il leur est aussi peu expedient qu'à nous, qu'on iuge des Cõmunautez par les particuliers ; & que sans employer de Commissaires ny de Sergens, sans vser de chicane ny d'impostures, sans mettre en crimes des particules & des vetilles de Grammaire, nous pourrions tirer de Memoires fideles & authentiques, dequoy composer vne Theologie de l'Vniuersité, qui ne se trouueroit ny plus saine, ny de meilleur exemple, ny plus auantageuse aux Puissances, que celle qu'on nous impute. Nous auons assez d'habitude auec leurs Autheurs, & les connoissons familierement, & iusques au cœur: nous sçauons aussi l'Histoire de ce Royaume, & n'ignorons pas ce qui s'est passé en chaque Regne: mais nous ne sommes pas pour destruire, nous sommes pour edifier; & tous ces Libelles sont plus à l'edification de Charenton que de l'Eglise.

Reuenons aux premieres impostures de la Theologie Morale, & en donnons encore quelques exemples. L'Autheur de cette Rapsodie reproche au P. Bauny d'auoir enseigné, *Qu'vn homme qui a chez soy vne femme auec laquelle il peche vne ou deux fois le mois, n'est pas tenu de la quitter; que le commandement qui regarde les occasions de peché, ne nous oblige qu'à ne les chercher pas de gayeté de cœur: & qu'vne femme qui se pare auec soin, pourueu qu'elle ne pretende point scandaliser ceux qui*

Autres exẽples de la premiere espece d'impostures.

la verront, & les porter au mal, n'est point coupable de leurs pechez, quoy qu'elle les preuoye.

Et puisque le P. Bauny est vn de ceux à qui il s'est attaché auec plus de chaleur; encor luy faut-il dire, en le luy arrachant des mains; que s'il ne vouloit respecter vne vieillesse qui a blanchy au seruice de Dieu, & dans les bonnes œuures, vne capacité consommée par l'estude & par l'experience, vne reputatiõ de credit, & si bien appuyée; il deuoit au moins honorer la Pourpre & l'Authorité de Monseigner le Cardinal de la Rochefoucaut: & n'offenser pas son iugement & sa probité, en décriant vn homme qui est si auant dans son estime, & dans sa confiance.

Le Calomniateur iniurieux à Monseigneur le Cardinal de la Rochefoucaut.

Croit-il auoir plus de lumieres & plus de pureté, qu'vn Sainct viuant, & qu'vn Ange visible qui est auiourd'huy dans l'Eglise, comme vn de ces Cherubins qui estoient autrefois deuant l'Arche? Croit-il auoir vne authorité mieux establie & plus souueraine, des inspirations plus expresses & plus infaillibles, vn zele plus ardent & mieux illuminé que ce sage Prelat, qui deuroit valoir tout vn Consistoire à la France, qui a assez de lumieres pour éclairer tout vn Conclaue; qui a fait vn sainct Euesque, & vn sainct Cardinal, & pourroit encor faire vn sainct Pape ? Croit-il que ce sainct Vieillard qui a la blancheur & l'innocence d'Isaac, ait encor la bassesse de sa veuë, & qu'il ne puisse plus faire difference entre Iacob & Esaü, entre la Vertu & le Vice, entre la bonne doctrine, & la mauuaise ? Certes il deuoit respecter vne teste couronnée de tant d'années, & de tant de merites; il ne deuoit pas luy reprocher d'auoir introduit vn Empoisonneur public dãs sa Maison, & luy auoir confié sa cõscience : & le P. Bauny luy deuoit estre aussi inuiolable, à l'õbre de sa Pourpre & sous son amitié, que luy auroit esté vn cocher sous sa liurée.

Mais pour quitter cette plainte, & reprendre les trois articles que i'ay cottez. Il y a imposture, en ce que le Calomniateur par vne suppressiõ malicieuse, & par vne reticence médisante cele les conditions & les reserues que le Pere adiouste à ses opinions. Il y a imposture, en ce qu'il attribuë au Pere & aux seuls Iesuites, ce qui est d'autres Autheurs qui ne furent iamais Ie-

Trois impostures en vn seul Point.

suites. Il y a imposture, en ce qu'il impute à tous les Iesuites, ce qui est condamné par la plus grande partie des Autheurs Iesuites. Le P. Bauny n'enseigne pas au sẽs qu'on luy impute, qu'on ne soit pas obligé de quitter vne fẽme, auec laquelle on peche vne ou deux fois le mois. Il enseigne seulement, que pour pecher vne ou deux fois le mois, auec vne fẽme qu'on a chez soy, si on ne la peut quitter sans vne infamie publique, ou sans quelque autre preiudice de pareille consequẽce, on n'est pas incapable d'absolutiõ, pourueu qu'on ait vne serieuse douleur des pechez passez, & vne forte resolution de s'en garder à l'aduenir; & toutes ces reserues & ces modificatiõs sont supprimées par le Calomniateur. Aussi, bien loin d'enseigner, qu'õ ne soit obligé qu'à ne chercher pas de gayeté de cœur les occasiõs de Peché; il enseigne en termes expres, que ceux qui demeurent sans necessité dãs les occasiõs qu'on appelle prochaines, sont incapables d'absolution, iusques à ce qu'ils s'en retirent.

Qui ne veut quitter ses pechez, ou les occasiõs prochaines qui y disposẽt, n'est point capable d'absolution.

Bauny Somme des pechez chap. 46. concl. 7.

Dico regulariter non absoluendũ [illegible] esse qui est in occasione proxima peccandi.

Idem de Pœn. tract. 4. q. 14. concl. 1.

Ie ne dispute pas icy du fonds de sa doctrine; ie ne m'informe pas des conditions & des circõstances qui font ces occasions prochaines ; ie n'allegue point des Autheurs de dehors qui sont pour luy : on fera cela plus exactement dans vne Réponse particuliere : ie dis seulement, que son opinion sur le fait d'vn homme qui ne peche qu'vne ou deux fois le mois, auec vne femme qu'il a chez soy, auec toute la seuerité de ses restrictions & de ses clauses, auec toute l'approbation qu'elle a d'autres Autheurs de dehors ; estant reprouuée, comme elle est, du Cardinal Tolet, de Suarez, de Comitolus, de Reginaldus, de Delrio, & de quantité d'autres qui ont esté Iesuites auant le P. Bauny, la Calomnie est bien effrontée, d'imputer generalement à tous les Iesuites, ce qui est condamné, par tant de Iesuites si connus & si celebres. Par le mesme Esprit le mesme Imposteur accuse le P. Bauny, & tous les Iesuites auec luy, de décharger de peché les femmes parées trop curieusement. Cependant outre qu'il n'en décharge que les mariées, qui le font par la complaisance qu'elles doiuent à leurs maris : qu'ils ne les descharge que de peché mortel, & qu'il le fait suiuant l'opinion du Cardinal Ceietan, de Bona-

Toler. li.3.c.18. Suarez in D. Th. to.4. dis.32.S.2. Comitol. l. 1. q. 140. Reginaldus to. 2.l.18.n.87. Delrio l.1. disq. Mag.c.5. qu.4.

Anteurs Iesuites qui ne sont pas de l'opinion du P. Bauny.

Bauny ed. 6. pag. 1094. Caiet. 2.2.qu. 169. a. 2. apud Dianam tr. 15. resol. 30. Lorca apud eũdem Dianam. Bonacina qu. 4. de Matr. p. 9. n. 25. & 26. Graffiis p. 1. l. 2. 77. n. 5. 296.

cina, de Graffius, de Diana & de Lorca, qui sont autheurs renommez & de credit, mais qui ne sont point de chez nous : en cela encor, il ne laisse pas d'auoir contre luy Sanchez, Azor & Valentia, qu'on ne peut nier auoir esté Iesuites.

Sanchez li. 1. c. 6. n. 17. ad fin. Azor. p. 2. Inst. l. 12. c. 18. q. 11. & 12. Valentia 2. 2. d. 3. q. 18. de Scandalo p. 2.

Et en cét endroit, l'accusateur est agreable, d'alleguer les paroles d'vn Predicateur, qu'il va chercher à trente lieuës, pour nous conuaincre en cecy, d'vne complaisance interessée & dangereuse. Cõme s'il deuoit estre moins hardy, à falsifier des paroles qui se sont euanouyes auec la voix, & qui ne reuiuront pas pour rendre tesmoignage contre luy, qu'à tronçonner & à corrompre des paroles escrites, qui ont du corps & de la consistence, qui peuuent estre interrogées à toutes les heures, & qui seront dans les Liures d'eternelles conuictions de ses impostures.

Le Calomniateur est ridicule, de faire les Iesuites fauteurs de la vanité des Femmes

Le P. Coton & le P. Suffren quand ils preschoiẽt au Louure, appuyoient-ils de l'authorité de l'Escriture & des Peres la vanité des femmes? la Reyne auoit-elle choisi le P. Delingendes, afin qu'il plaidast deuant elle la cause du Monde, & qu'il iustifiast l'Orgueil & le Luxe? Le P. Suffren auoit-il esté gagé des Dames de Paris, pour distinguer les modes des collets, & des coeffures, selon les saisons & les mois de son Année Chrestienne? Le P. Caussin a-t'il receu pension d'elles, pour canoniser celles qui portent la gorge découuerte, & leur donner place en sa Cour Saincte? sont-ce les fardées & les coquettes, qui font la presse autour de nos Confesseurs? Sont-ce nos Penitentes, qui font la grande poussiere au Cours, le grand bruit au Bal, la grande foule à la Comedie? Sont-ce celles-là, qui ont amené ces Mouches, que la mollesse & la pourriture du cœur fait naistre sur le visage? Sont-ce celles-là, qui prouoquent vne fois tous les ans l'indignation du Conseil, & attirent tous les Edits que nous voyons tomber sur les dentelles, & sur les broderies? Et ne faut-il pas que le Calomniateur, eust enuoyé son bon sens & sa raison en quelque commission fort éloignée, ou pour le moins qu'il crust escrire pour les Finlandois, ou pour les peuples de Noruege, quand il luy est venu en pensée, de nous faire fauteurs de la vanité des Femmes ?

Il nous connoist fort mal, s'il nous prend pour des Maistres de luxe: & s'il nous croit venus de l'escole de cét Ancien, qui auoit disciplinė les Delices de son temps, & reduit la Galanterie en methode. Mais aussi nous ne sommes pas des Docteurs de chagrin, ny des Directeurs sauuages: nous ne faisons pas estat de reduire les Fēmes aux écorces & aūx fueilles d'arbres, qui ont esté leurs premieres robes : nous n'entretenons point le dégoust dans l'esprit des Maris, ny la fumée en la teste des Femmes, & le desordre dans les Familles, par des austeritez indiscrettes, & hors d'vsage. L'habillement simple & modeste, est bien le plus propre que la Vertu puisse porter : mais cette modestie & cette simplicité, sont de pl⁹ d'vne couleur, & de plus d'vne mode: & l'étoffe n'en sçauroit estre la mesme, en la robe d'vne Princesse, & en celle d'vne Religieuse. Tertullian tout seuere qu'il estoit, se plaignoit égalemēt, pour vser de ses termes, & de celles qui éteignoiēt les lumieres de leur cōdition; & de celles qui en allumoient qui ne leur appartenoient pas. Et afin

Alius extinguit sua lumina, alius accendit nō sua. Tertull. de Pallio.

de payer de Conciles, aussi bien que les autres, Eustathius Euesque de Sebaste, s'estant fait le Chef d'vne Secte demy Cynique, où les hommes quittant l'vsage des habits ordinaires à ceux de leur condition, en prenoient de nouueaux & de bijarres; & les femmes se couppoient les cheueux, par vne fantaisie de seuerité extraordinaire & nouuelle: l'vn & l'autre abus fut frappé d'Anatheme par le Concile de Gangres: & les Canons sont encor entiers, par lesquels il excommunie ceux qui condamnent l'vsage des habits de soye comme mauuais: & celles qui se coupent les cheueux, pour s'accommoder aux formes d'vne austerité visionnaire, qui n'est point receuë de l'Eglise.

Si quis vir propter eam quæ existimatur exercitationem, amiculo vtitur, & tanquam habens ex eo iustitiam, eos condemnet qui cum pietate beros ferunt, & aliâ cōmuni veste vtūtur, sit anathema. *Concil. Gang. Can.* 12. Si qua mulier propter eā quæ existimatur pietatem tondeat comam, &c. sit anathema. *Can.* 13.

Il n'y a rien de plus aisé à acquerir que cette Vertu de drap & de mine: les plus modestemēt habillées ne sont pas tousiours les plus humbles ny les plus chastes; il y a des Vices crasseux & déchirez: comme il y a des Vertus parées & splendides; & l'Ambition a des robbes de bure, aussi bien que des robbes de soye, & des manteaux de pourpre. Que si l'on veut sçauoir quelle est le est nostre Doctrine en cette matiere, la vie exemplaire de cent Dames de condition, soit de la vieille Cour, soit de la Cour d'auiourd'huy, que la Coustume ny le Siecle n'ont iamais pû corrompre, en sont d'illustres Manifestes, à ceux qui ont quelque habitude dans le grand Monde.

SECTION IV.

Seconde Imposture des Ennemis des Iesuites: son iniustice: Doctrine de Monsieur Du Val comparée à celle de Suarez Iesuite.

VEnons à la seconde imposture, où l'iniustice est encore plus dangereuse qu'en la premiere. Non seulement on supprime les preuues de nostre innocence, & on cache les tesmoins qui pourroient la iustifier, & conuaincre la Calomnie. Non seulement on ne produit pas les Autheurs de nostre Compagnie, qui ont reprouué les opinions dont on nous charge: on nous impute encor celles qui sont venuës de dehors, qui ont d'autres Autheurs, & d'autres Sources, qui sont plus vieilles que nostre nom & que nostre robe: & comme si ce n'eſtoit pas aſſez, qu'on recele la bonne doctrine qui eſt de chez nous, on nous fait noſtre procez ſur des étrangeres qui ſont ſoupçonnées.

Qu'on voye cette Rapſodie de médiſance & d'impoſtures: on n'y ſçauroit choiſir vne ſeule opinion, de laquelle ie ne puiſſe alleguer pluſieurs Autheurs de dehors, pour vn Ieſuite, à qui l'Impoſteur l'attribuë. Et ſi ie luy demandois en cét endroit, ſi nous deuons ce bon office à ſa conſcience, ou à ſa charité; s'il a connû ces Autheurs eſtrangers dont il nous impute les opinions, ou s'il n'a pas voulu les faire connoiſtre; par quelle reſponſe pourroit il degager ſa reputation, & iuſtifier ſon procedé? Souffrons luy d'auoir fait peu d'habitude dans les Bibliotheques: d'auoir eu peu de commerce auec les bons Liures, d'eſtre auſſi eſtranger qu'vn Canadois en la Theologie Morale: mais le Public luy ſouffrira-t'il ſa mauuaiſe foy? approuuera-t'il qu'ayant lû nos Autheurs, auec vne intention ſi pure & ſi droitte, il ait ſupprimé des trouppes entieres d'Autheurs eſtrangers, qu'ils ont alleguez pour leur doctrine? pourquoy ne pardonne-t'il pas à ceux qui ſuiuent, comme il par-

Les Ieſuites ne ſont accuſez de pas vne opinion qui ne ſoit de plus de ſix Autheurs qui ne ſont pas Ieſuites.

Mauuaiſe foy du Calomniateur.

donne à ceux qui marchent les premiers & qui sont les Guides ? & s'il y a de l'infection & de l'impureté, dans la doctrine qu'il reprend, pourquoy veut-il qu'elle ait commencé par les Ruisseaux qui n'ont rien du leur, & qui ne répandent que ce qu'ils ont receu de leur source?

Est-il pas agreable, de nous imputer ce qui est né deuant nous, & nous faire les inuenteurs de ce qui nous est venu de dehors? Il y auroit autant de raison, d'accuser la Cour d'auiourd'huy, des modes qui estoient du temps de HuëCapet: ou de luy reprocher les mots barbares & les coustumes estranges, que les Allemans & les Reystres apportent en France auec la guerre. Et si la Calomnie veut tirer des Autheurs Modernes & des Anciens, dequoy nous continuer ses charitez & ses bons offices; de degré en degré, nous nous trouuerons enfin les Peres de toutes les heresies, qui ont esté depuis Caluin iusques à Simon le Magicien. Ie ne sçay encor, si nous serons innocens de l'erreur des Saduceẽs & du Schisme des Samaritains; & si on ne préchera point vn de ces iours, que les desseins des Veaux d'or de Ieroboan, furent faits par des Iesuites.

Donnons par auance quelques exemples de cette imposture : & faisons voir à nos Accusateurs, que les pierres qu'ils nous iettent, retombent sur des Docteurs, sur des Prelats, sur des Saints, & sur eux-mesmes. I'ay dit que les opiniõs imputées à vn de nos Professeurs, & tirées des Escrits d'vn Escolier, & par vne supercherie ridicule, ne sont point de chez nous. Ce bon Homme a quitté en cela ses propres sentimens, comme il se voit par la deposition mesmes de l'Escolier, que nos Ennemis ont fait interroger : & croyant de bonne foy, qu'il pouuoit aller apres des Estrangers de reputation & suiure vne Authorité celebre au dehors, il a faussé compagnie à ceux de sa robe : il s'est mis auec des Autheurs qui ne sont ny de nostre corps, ny de nostre intelligence : & auiourd'huy par vn procedé qui n'a iamais eu d'exemple ailleurs, on nous accuse des opinions de ces Auteurs, qui ne nous appartiennent point, & qui sõt reprouuez par les nôtres.

L'opinion qui permet aux Filles & aux Femmes violées, de conseruer leur honneur & leur vie, en procurant d'estre déchargées de leur fruict, auant qu'il soit animé, n'est d'aucun Autheur Iesuite: si bien est-elle de Torreblanca, de Lãbellus, de Bordonus, de Lezzana, de Trullench & d'autres. Celle qui excuse de peché la sterilité des Femmes, à qui apparemment selon l'aduis des Medecins, les couches sont mortelles; si leurs Maris ne veulent pas contribuer à leur conseruation, ce qu'ils pourroient y contribuer chrestiennement & auec merite; est de Torreblanca, de Moxius, de Mercurialis, de Hucherus: & nous sommes si esloignez de cette doctrine, que Turrian qui est Autheur Iesuite & de reputation, rapporte que le cas ayant esté proposé à l'Vniuersité d'Alcala, & plusieurs Docteurs inclinant à permettre ce remede aux Femmes à qui les couches sont mortelles; il s'opposa fortement à cette opinion, & les fit reuenir à la contraire, qui est bien la plus rigoureuse, mais qui est la plus asseurée, & la moins suiette à scandale.

Torrebl. de Mag. l. 2. cap. 43. nu. 10. Lambel. in Repert. ver. Medicus. Bordon. in Cócl. Regul. resp. 45. q. 4. num. 4. Lezzenz. in Summ. qu. regul. to. 3. ver. abortus. Trull. in Decal. to. 2. l. 5. c. 1. d. 4. n. 1. Torrebl. in practica Iurisp. l. 12. c. 13 nu. 31. & 36. Mox. li. 2. de ven. sect. in morbis acutis cap. 16. Mercur. li. 1. de Morbis Mul. cap. 2. Ioan. Huch. . 3. de ster. §. de concep. Turr. 2. 2. dis. 26. du. 2. n. 4.

Quant à la troisiesme, qui permet qu'vn homme opprimé de calomnies, conserue son honneur & sa vie, par la mort du Calomniateur, s'il n'y a point d'autre moyen de se defendre de sa violence; I'ay desia montré pour nostre Iustification, qu'elle est plus de l'Vniuersité que de chez nous: i'ay fait voir que M. Du Val a tenu ce quelle a de plus dangereux, qui est le meurtre fait en cachette & d'authorité priuée ; i'ay produit les noms & les témoignages de nos plus celebres Autheurs, qui l'ont condamnée, en tous les lieux du monde où la Theologie s'enseigne : Ie dis encore pour excuser la simplicité du Professeur, qui s'est laissé surprendre ; qu'il l'a tirée d'autres Docteurs, & particulierement de Bannez dont la reputation l'a ébloüy.

Tom. 4. seu de Iustitia & Iure qu. 64. dub. 4. conclus. 2.

Ce Docteur en la 64. question, où il traitte de l'homicide, au doute 4. propose deux cas. Le second est expliqué en ces termes : *Similiter dubitatur, an habeat rationem defensionis, si quis occidat eum qui vadit ad iudicem, vt imponat falsum testimonium, propter quod erit occidendus vel infamandus vel amissurus bona tẽporalia.* Le cas ainsi expliqué, il le decide en ces termes; en la Conclusion seconde : *Similiter dico de secundo casu, quòd si ille qui vadit ad iudicem fuerit admonitus, & noluerit retrocedere ; poterit is qui iniuriam patitur, occidere illum, defendendo se vel sua, si aliter non potest.* Et en suitte apres auoir allegué la raison du Cardinal Caietan, qui permet le Duel en ce cas, il continuë en ces termes : *Quin potiùs secundum istam rationem, posset etiam occultè occidere aggressorem, non prouocando ad duellum, si quidem habet illa actio rationem defensionis cum moderamine inculpatæ tutelæ.* Il se fait apres trois difficultez sur cette doctrine, & dans la response qu'il donne à la premiere, il passe au cas d'vn homme qui seroit accusé d'vn crime caché quoy que veritable. *Sed rogat quis, quid agam, si quis vadit ad me accusandum de crimine vero sed occulto, ex cuius accusatione mihi certum periculum creatur mortis vel infamæ?* Voicy la Response. *Respondetur quòd si ille non habet ius ad me accusandum, neque procedit secundum iustitiam legalem, ita me possum defendere ab illo, sicut ab imponente falsum crimen.*

Nous n'imposons point à ce grand Homme: nous l'estimons trop, & auons trop de respect pour tout son Ordre: nous ne le faisons point criminel d'vne incongruité de Grammaire : nous ne luy donnons pas la Question auec des particules mal appliquées, pour le faire parler contre son sentiment : nous produisons ses paroles toutes nuës,

& sans les corrompre par des interpretations malignes & captieuses. Qu'on le fasse venir, qu'on l'interroge, qu'on sçache de luy si ie luy en fais accroire : i'ay cotté l'endroit, i'auertis encore du lieu & du temps de l'impression. Celle que nous auōs est de Doüay de l'année 1615. est-ce agir en imposteur & en faussaire, que d'agir de la sorte ? de produire des pieces si authentiques & si auerées ? de se rendre aux yeux & à la diligence des Iuges?

Considerations qui ont trompé le Professeur Iesuite.

Nous ne pouuons croire qu'il y en ait de si peu equitables, qui n'excusent la bonne foy d'vn Homme, qui n'a point apprehendé de s'esgarer en suiuant vn Docteur, qui a esté vn des plus sçauans d'vn Ordre tres sçauant, qui a esté premier Professeur dans vne tres celebre Vniuersité, qui a l'approbation d'vne autre Vniuersité aussi celebre. Quelle merueille donc, que nostre Professeur ait cedé à vne authorité si fameuse, & qu'il croyoit si bien accompagnée? Villalobos Obseruantin, qui a enseigné plus de 27. ans, la Theologie Morale dans les plus celebres Vniuersitez d'Espagne, en a bien esté emporté, & a suiuy cette opinion. Que nos Aduersaires dōc dressent vne seconde Requeste contre l'Ordre des Peres Dominicains, & vne troisiéme contre celuy des Peres Cordeliers : & si la patience des Iuges le souffre ; qu'ils en presentent encor vne quatriéme, contre les Peres Benedictins, sur le Liure du Prieur Milhart, qui a publié le premier cette doctrine en nostre Langue.

Ie ne produis pas ces Garans, pour l'appuyer, & luy donner de la probabilité : i'ay déja dit que nos plus fameux Autheurs l'ont condamnée: Ie dis encor que nous la condamnons tous apres eux. L'authorité de Bannez a du poids : mais elle est suiuie de peu de personnes, & ne doit pas peser dauantage, que celle qui est mieux accompagnée, & qui outre le nombre des voix, à la force de la raison. Suarez, Vasquez, Lessius, Azor, Reginaldus, Turrianus, & tant d'autres Autheurs Iesuites, qui ont examiné cette matiere depuis Bannez, ont pû y trouuer de nouueaux iours, & des lumieres qu'il n'a pas remarquées. Et apres tout ; il se faut tenir à la raison de Suarez & de Reginaldus, qui disent que la conseruation des Particuliers, ne peut estre mise en competence auec le salut public, qui seroit exposé à des desordres continuels, par les consequences fautiues & licentieuses, qui se pourroient tirer de cette doctrine. Chacun, comme dit Suarez, se croiroit aisément en sa propre cause: & persuadé de son innocence & de l'iniustice de son Accusateur, se porteroit à des extremitez funestes aux Particuliers & fatales à la Republique.

Facilè sibi quisque persuaderet iniustè se in iudicio accusari, nec aliud superesse remedium ad vitã, honoré, aut bona tuéda, quàm si accusatorem occidat. *Sua. tra. de charit. disp. 13. sect. vl.*

Et en cét endroit, pour conclure ce Point qui a fait tant de bruit; si le Lecteur iudicieux & desinteressé veut oüyr Suarez, & nos autres Autheurs que i'ay citez, & les confronter auec Monsieur Du Val; il iugera de la prudence de nos Aduersaires, pour ne dire rien de plus aigre: & reconnoistra sur qui tombent les inuectiues, les consequences, & les demandes de leurs Requestes. Monsieur Du Val ne veut pas qu'vn homme accusé en Iugement, & opprimé de calomnies se tire d'oppression en faisant appeller le Calomniateur; mais il luy permet de s'en deffaire secrettement & sans bruit; alleguant pour raison, qu'estant innocent, il ne luy est pas permis d'exposer sa vie à la fortune des armes. Voila certes vne estrange raison, & s'il n'y en a point d'autre, qui defende en ce cas le Duel à vn innocent, sinon qu'il ne luy est

Respondeo, in hoc casu non posse offerri, & suscipi duellum, siquidem nõ debet innocés vitam suã euidenti periculo exponere, potest quidem eum occultè occidere, si nulla alia via ad cã euadendam supersit, quia sic est vim vi repellere. *D. Du Val Tract. de Charitate qu 17. art. 1.*

pas permis, d'exposer sa vie à vne espée qu'il pourroit rompre, & à laquelle il pourroit parer; encore moins luy sera-t'il permis, de consentir à vne Partie beaucoup plus inégale, & de laisser son honneur exposé auec sa vie, à l'espée du Bourreau dont tous les coups sont certains, & dont on ne se peut defendre, quand on a les yeux bandez & les mains liées. Ainsi, le cas dont il s'agit, ne seroit pas seulement de droit, il seroit de deuoir: & vn homme se croyant innocent, se croiroit par consequent obligé à se sauuer par quelque voye, qui ne l'exposast ny à l'espée de son Accusateur, ny à celle de la Iustice.

Nous respectons la memoire de Monsieur Du Val, & il nous est extremement fascheux, qu'on nous ait obligez de le produire en cette cause. Voilà pourtant sa Doctrine, voilà les mauuaises consequences que de mauuais Esprits en pourroient tirer: & de quelque biais qu'on la prenne, en quelque iour qu'on la mette, quelque interpretation qu'on en fasse, on y verra tousiours l'erreur & le scandale, dont nos Aduersaires nous ont voulu faire coupables. On nous en treuuera neantmoins bien éloignez, si l'on fait comparaison de cette doctrine, & de celle de nostre Suarez. Ce Docteur Iesuite, traitant la mesme question que traite le Docteur de Paris, parle en ces termes : Vn homme, dit-il, quoy que faussement accusé, ne peut tuer son Accusateur : donc il ne luy est pas permis d'essayer à le tuer par le Duel. Voila vn Discours d'autre forme, que celuy de M. Du Val : voila vne doctrine bien differente de la sienne, & bien contraire à celle qu'on nous impute.

Vltimò, non potest reus sic falsò accusatus, occidere suum accusatorē: ergo neque licet idē tentare per duellum. *Suar. ibid.*

Suarez suppose pour dogme infaillible, & pour verité receuë, établie & surannée ; qu'vn homme quelque innocent qu'il soit, & quelque ruine qui le menace, ne peut entreprendre sur la vie de son Accusateur. Il preuue cette verité, par les meurtres iournaliers qui se commettroient impunément, auec vn extreme prejudice de la Republique, s'il estoit permis aux Particuliers, de se faire raison de la Calomnie par ces voyes, & d'asseurer leur vie par la mort de leurs Accusateurs. De cette verité, opposée en tout son sens & en tous ses termes, à la decision du Docteur de l'Vniuersité, qui permet à vn Innocent d'entrepren-

Cōfirmatur: quia dubium non est, quin si contraria opinio admitteretur, plurimæ inde orirentur cædes iniustæ, in magnam Reipublicæ perniciem. *Suar. ibid.*

dre secrettement sur la vie de son Accusateur; Suarez infere, qu'vne action essayée & entreprise, & vne action acheuée & complette, estant de mesme qualité en fait de moeurs; comme il n'est pas permis à vn Innocent, de tuer effectiuement son Accusateur, il ne luy peut estre permis aussi de tacher à le tuer en duel.

Ie ne demande pas icy, lequel des deux Docteurs, raisonne plus droit & en plus iuste forme: cette dispute n'est pas de l'Esprit ny de la gloire; nous le quitterõs de ce costé là, à quiconque le voudra debattre: elle est de la pureté de la doctrine; & le seruice du Prochain auquel nous sommes appellez, nous oblige à defendre ce Point contre toute sorte d'Aduersaires. Ie demande, lequel des deux est le plus éloigné de l'erreur & du scandale? lequel asseure dauantage la vie des Particuliers, & la tranquillité publique? lequel est coupable de la malheureuse doctrine contre laquelle tant de Libelles & tant de Requestes ont couru les ruës? le Docteur Iesuite, qui condamne également les Assassinats & les Duels; ou le Docteur de l'Vniuersité, qui condamne les Duels, & permet les Assassinats?

comme si de tâcher à tuer en homme de cœur, & auec hazard, c'estoit estre plus meurtrier, que d'assassiner lâchement & en asseurance.

Certainement s'il faut iuger d'vn Corps par les membres principaux, & par les Parties nobles, & non pas par vn cheueu ny par vn ongle; il y a lieu de dire, que la doctrine qu'on nous a imputée, est moins à nous qu'à l'Vniuersité. Vn des principaux membres de son Corps l'a enseignée; les principaux membres du nostre l'ont combattuë: & quand il est question de l'Esprit commun & des Sentimens vniuersels de tout vn Corps, il les faut plutost chercher dans les Parties nobles, que dans les Parties sans nom & sans marque.

Mais il ne faut pas demeurer dauantage sur vne matiere si odieuse: nous craignons trop de donner lieu au Peuple, de faire des soupçons dangereux & de mauuais doutes. Nos Aduersaires qui ont mis cette doctrine en toute sorte de mains, qui l'ont exposée aux yeux de tout Paris, & l'ont renduë aussi publique que les Vaudeuilles; ne s'excuseront iamais du mauuais vsage qu'en pourront faire quantité de mauuais Esprits, qui luy donneront eux-mesmes les couleurs de leurs passions, & les iours de leurs interests, & qui voudront à toute force, qu'elle soit croyable sur l'authorité des Iesuites à qui on l'impute. Nous crions hau-

Ceux qui ont publié la doctrine de Bannez sont plus coupables que celuy qui l'a enseignée.

tement qu'on s'en garde: nous declarons qu'elle est mauuaise & dangereuse: nos Superieurs s'estoient contentez, de reprendre en particulier le Professeur qui l'a enseignée; de peur qu'vne retractation solennelle & faite en pleine classe, épandist le venin au dehors, & le rendist public: nos Aduersaires l'ont semé par tout, ils en ont mis à toutes les portes, & en toutes les maisons: s'il en arriue du desordre, il sera de leur faute, & non pas de la nostre.

SECTION V.

Autres exemples de la mesme espece d'impostures.

IL est donc veritable, pour rentrer en ma proposition, que la doctrine dont on nous accuse, n'est pas de chez nous; & que nous n'y auons rien que par les charitez que nous preste la Calomnie. Quel portrait n'a-t'elle point fait du Pere Bauny? de quelle ancre n'a-t'elle point noircy son innocence & sa vieillesse? elle l'accuse d'auoir voulu rompre tous les liens des consciences, & les décharger de toute obligation d'euiter les dangers & les occasions du Peché: pource qu'il enseigne, qu'il suffit de ne s'y exposer pas sans necessité: & qu'on n'est pas obligé de les fuyr auec vn extreme preiudice; pourueu qu'on porte à la

Confession, vn serieux repentir de ses pechez, & qu'on en rapporte vne serieuse resolution de n'y retomber plus.

I'ay desia allegué des Autheurs Iesuites, d'aussi grande reputation que le Pere Bauny, qui ne sont pas en ce point de son aduis. Faisons venir les Estrangers, ils ont en cela bien moins de retenuë que luy, & mettent les choses bien plus au large. Voicy les paroles de Nauarre, qui veut qu'on donne l'absolution à vne femme, toutes les fois qu'elle se confesse auec regret & auec resolution de changer de vie. *Quia*, dit-il, *nullus est textus, nulla ratio quæ probet aliam cautionem esse præstandam*. Ie n'adiousteray pas icy tout ce qu'il dit, ny ne traduiray ses paroles en nostre langue : on doit bien autant de respect aux yeux du Public, qu'aux oreilles des Particuliers : ie ne les violeray pas, comme a fait l'Autheur de la pretenduë Theologie Morale ; & me garderay bien, de mettre comme luy des pierres de scandale, deuant les pieds des infirmes, & les yeux des simples. Adioustons aux paroles de Nauarre celles de Celestin. *Potest absolui*, dit-il, *cùm non est aßiduitas peccandi, cum illa cum qua domi cohabitat, vt si bis en mense: nam sic posset peccare*

Nauarr. cap. 3. num. 20.

Celestin. de Sacram. Pœnit. cap. 20.

peccare cum aliqua extranea. Ces deux Autheurs qui ne furent iamais Iesuites ; ont esté suiuis de Graffius, de Sancius, de Viualde, de Diana, & d'autres qui ne le sont non plus qu'eux. Cependant on se prend à nous de leur doctrine, & pour vn seul qui est allé aprés eux, on se iette indifferemment & sans discretion sur tout ce que nous sommes.

Graffius lib. 1. decis. c. 28. Sancius select. disp. 10. nu. 16. Viualdus in Candel. tit. de absol. 5. casus. Diana 1. par. tract. 17. rel. 47.

On veut faire encor acroire, que nous authorisons les Duels, & on le veut faire acroire à la France, qui a veu neuf de nos Peres, Confesseurs du feu Roy, ioindre leurs aduis à son zele & à son authorité, pour enchainer le Demon sanguinaire qui preside à ces funestes combats. On le veut faire acroire à la France, qui a encore entre les mains, le liure que le Pere Caussin, l'vn des Confesseurs de ce Prince, a escrit contre les Duels. On le veut faire acroire à la France, qui voit tous les ans vn bon nombre de nos Hommes, exposer leur vie dans les Armées, pour mesnager celle des Chefs & celle des Soldats, & persuader aux vns & aux autres, de reseruer leur sang au bien de l'Estat & à des hasars legitimes. On le veut faire acroire à la France, laquelle est la Mere de plus de vingt mille Gentils-hommes, qui sont nos Escoliers ou nos Amis; & qui peuuent témoigner, quels portraits nous leur faisons du Caualier Chrestien, quels aduis & quelles regles nous leur donnons; quels remedes & quels preseruatifs nous leur faisons prendre contre ce Demon gladiateur. Et pour persuader cette Chimere à la France, & luy donner vne creance contraire à celle que luy donnent tous ses yeux & toutes ses oreilles; on n'allegue qu'vn Escriuain de delà les Monts, qui permet cette sorte de combat, auec des reserues & des conditions si éloignées de l'vsage, & de si difficile rencontre, que le cas en est rédu moralemẽt impossible.

Neantmoins auec toutes ces cõditions & toutes ces reserues, il y a des troupes entieres d'Autheurs Iesuites, qui se sont éleuez contre cette Opinion, & luy ont ôté tout ce qu'elle pouuoit auoir de vraisemblance. Ils ne se sont pas contẽtez de la battre de raisons communes tirées de l'Escole: le Dilemme & le Syllogisme leur ont semblé des armes foibles & legeres: ils ont recueilly contre elle, les excommunications & les Anathemes que l'Eglise a iettez sur les Duels: ils luy ont opposé les Edits des Princes Chrestiens, qui

Regin. li. 21. c. 7. num. 74. Suarez tra. de Charit. disp. vlt. art. vlt. Lessius lib. 2. c. 9. dub. 12. Sanchez li. 2. c. 39. & tous les Autheurs Iesuites.

les ont defendus : ils ont produit les Arrests des Cours Souueraines qui les ont punis de mort & d'infamie : & pour le dire ainsi, ils n'ont point laissé d'argument de fer & de feu, ils n'ont point oublié de Sentence Ciuile ny de Censure Ecclesiastique, qu'ils n'ayent employée cõtre céte pernicieuse doctrine. Quãt à celuy qu'on en accuse, il n'en est pas l'Autheur, ny n'en a fait le premier trait ; il l'a copiée apres Bannez, & d'autres Etrangers, qui sont encore plus libres que luy ; & nous a apporté cette copie, que nous confessons estre de mauuais exemple, & que nous voudrions auoir effacée de nos larmes ; comme de bon cœur, nous donnerions de nostre sang, pour éteindre le feu que le Demon des Duels a apporté en France.

Neantmoins la charité de nos Aduersaires nous en charge. Ils se gardent bien de faire mention de nos Autheurs qui l'ont reprouuée, ny des Etrangers qui l'ont introduite : & sur leur deposition, on nous fait passer pour des porteurs de Cartels & des donneurs d'assignations, pour des conseillers de sang & de meurtre, pour des fauteurs de scandale & de débauche. Ce sont les beaux portraits, que quelques Predicateurs firent de nous le Caresme passé : il eust esté bien plus à propos, dans les miseres de l'Eglise affligée, d'exciter le peuple à la penitence, & luy tirer les pechez du cœur & les larmes des yeux, que de l'inciter contre les Iesuites, & vomir tant de fiel & tant de venin sur leur Renommée. Ils n'auront point pourtant de response de nous, sinon celle que fit Dauid, quand Semeï l'appelloit homme de sang, & luy iettoit des pierres : si Dieu leur permet de nous maudire, qu'ils en vsent, il sçaura bien nous faire valoir leurs maledictions & nostre patience.

Cependant pour retourner à mon suiet ; il faut que la Calomnie ait le front bien dur, de nous imposer si hardiment des opinions, qui sont moins à nous qu'à tous autres ; & par là s'exposer à estre solennellement dementie de tous ceux qui ont des yeux, & qui sçauent lire. Mais certes il faudroit que le Public fust bien preuenu, & la raison bien abolie d'entre les hommes, pour nous condamner sur de semblables impostures. Si la doctrine qui nous est imputée se trouue de mise, pourquoy nous en fait-on autant de crimes qu'il y a de points ! autant *Hardiesse des Calomniateurs.*

d'attentats qu'il y a d'articles? Si elle est mauuaise, & de faux alloy; pourquoy ne s'en prend-on pas à d'autres Communautez de chez qui elle est venuë? Pourquoy sommes nous accusez des inuentions d'autruy, & des nouueautez que nous n'auons point faites? Pourquoy ne dit-on rien à ceux qui l'ont approuuée auec authorité? Cela certainement est bien étrange, & n'a point encor eu d'exemple: les fabricateurs de la mauuaise doctrine, qui est vne espece de fausse monnoye, sont en repos & en honneur: & nous qui n'auons contribué ny les outils, ny la matiere; qui l'auons treuuée comme tous les autres dans le commerce; nous sommes tous tirez en Iustice, pour vn d'entre nous, qui a esté treuué saisi d'vne piece fausse, qu'il a receuë en cachette, & contre la defense de nos loix domestiques.

ntusti- e de ur pro- dé.

SECTION VI.

Troisiesme Imposture de l'Autheur de la pretenduë Theologie Morale des Iesuites, verifiée par de notables exemples.

LA Calomnie n'en est pas demeurée là: sa malice ne s'est pas terminée à deux sortes d'impostures si notables, & de si dangereuse consequence : elle ne seroit pas satisfaite, si elle en auoit laissé vne seule à mettre en œuure ; si elle auoit retenu vne goute de son venin, & n'auoit essayé sur nous toutes ses dents & tous ses ongles. Ce n'est pas assez qu'elle nous ait fait vn procez general, pour vne ou deux pieces douteuses & descriées, qu'vn particulier a prises hors de la maison : elle y en a ietté qu'elle auoit elle-mesme falsifiées ; & a corrompu & alteré tout ce qu'elle y a treuué de bonne monnoye. Ce n'est pas assez qu'elle ait voulu nous faire criminels, des opinions qui ont esté forgées hors de chez nous, & introduites dans l'Escole par des Docteurs qui ne sont point de nostre Corps ; elle a falsifié par toutes sortes de voyes, ce qu'il y auoit d'entier & de sain dans nos Liures : & tantost pas des suppressions malignes, tantost pas des additions odieuses, d'vne doctrine qui estoit pure auparauant & d'edification, elle a composé vne Theologie d'erreur, & vne Morale scandaleuse.

Y a-t'il rien de si sain, rien de si parfait & de si accomply, qu'on ne corrompe & on ne defigure par vn semblable traitement? Ie ferois d'vne ſalutaire medecine vn poiſon mortel, en adiouſtant deux grains à la doſe : & ſi on auoit coupé le nez, ou adiouſté vn troiſieſme œil, au plus beau viſage du monde, on en auroit fait vn monſtre. Cela eſt étrange, de quelle façon l'Autheur de la Theologie Morale traitte nos Eſcriuains : le Tyran d'autresfois eſtoit moins cruel à ſes Hoſtes, à qui il faiſoit couper les membres, ou les tirer à tour de cordes, pour les ajuſter à la meſure de ſon lit. Il accourcit les vns, il allonge & augmente les autres; il retranche de ceux-là ce qui les iuſtifie, il attache à ceux-cy ce qui les fait pareſtre coupables : & il n'y a point de Prophete ny d'Euangeliſte, point de ſainct Pere ny de Docteur, dont la Memoire ne fuſt condamnée d'hereſie & d'impieté, ſi l'Inquiſition le iugeoit ſur le Portrait qu'en preſenteroit vn Fauſſaire qui l'auroit défiguré de la ſorte.

Exẽples de cette ſorte d'impoſtures.

Verifions encor icy cette troiſieſme eſpece d'impoſture, & en donnons la montre par auãce, en attendant que toute la piece ſoit étenduë en ſa place. Voicy les paroles expreſſes de l'Auteur de ce beau Ramas de médisances & d'impostures : *Ils permettent aux valets & aux seruantes, de seruir d'instrumens aux débauches de leurs maistres & maistresses : & Bauny soûtient qu'vn valet ou vne seruante, peuuent porter des poulets, donner des assignations, & entretenir tout le reste de ses mauuaises pratiques, pourueu qu'en cela ils ne regardent que leur commodité temporelle. Modò id fiat propter temporalem commoditatem.* Auec quelles lunettes cét Imposteur a-t'il lû ces beaux termes dans le Liure du P. Bauny ? auec quel front, & quelle conscience les luy peut-il reprocher ? Voicy les propres termes du Pere : *Les valets qui consentent aux pechez de leurs maistres, & s'y plaisent, pechent comme eux. Ceux qui les seruent en choses de soy indifferentes, que lesdits maistres rendent mauuaises par le mauuais vsage qu'ils en font, sont excusables & exempts de crimes.* Où sont ces mots de poulets, d'assignations, de mauuaises pratiques ? le Pere eust il pû s'expliquer plus distinctement, & en termes plus precis & plus exprez, s'il eust preueu cette calomnie ? pouuoit-il condamner plus formellement, & les Maistres corrupteurs & les Valets corrompus, qu'en resserrant les comman-

Pag. 27.

Falsification hardie.

Sommes des pechez chapitre dernier adition 1.

demens & les seruices, dans les bornes des choses qui sont indifferentes de leur nature ? y a-t'il doctrine plus raisonnable que celle là, ny plus generalement receuë des Casuistes.

Doctrine du P. Bauny raisonnable, & necessaire dans la pratique.

Le Ménage seroit agreable, si le matin quand vne Dame se fait coëffer, elle estoit obligée de faire vn manifeste à ses femmes, & leur declarer qu'elle ne pretend point en coqueterie, ny ne fait dessein sur la liberté de personne : si vn Cocher ne vouloit mener son Maistre, qu'à la Predication ou à la Messe : & qu'encore auant que d'aller là, il l'obligeast par serment, à n'y donner point d'assignations : si vn Valet de chambre, quand il luy demande vne plume & du papier, le faisoit iurer qu'il n'escrira point de poulet ny de cartel. Les Araignées tirent du venin des plus pures fleurs : & non seulement les choses indifferentes, les plus honnestes mesmes & les meilleures, peuuent estre corrompuës par le mauuais vsage. On peut étrangler auec des Chappelets, on peut empoisonner auec des Heures parfumées : Et veut-on pour cela, que des Domestiques ne puissent aller en conscience, achetter des Chappelets ny des Heures à leurs Maiſtres, qu'ils ne ſoient aſſeurez par declaration expreſſe, que c'eſt pour faire leurs prieres, &nõ pas pour faire des meurtres?

Cependant le P. Bauny a eſté calomnié, pour auoir apres tous les Docteurs, étendu les deuoirs de la ſeruitude, aux choſes qui ſont indifferẽtes de leur nature : quoy qu'elles puiſſent eſtre corrompuës par les mauuaiſes intentions de ceux qui commandent. Et ſur vne ſi noire calomnie, dont quelques Predicateurs ont tiré leurs taxes ; on nous a fait paſſer pour des fauteurs de mauuaiſes pratiques, pour des Autheurs de poulets, pour des Protecteurs & des Garans de macquerelage. Ie n'aurois pas noircy mon papier de ce dernier mot, ſi les Chaires & les oreilles du Peuple n'en auoient eſté ſoüillées.

Il faut rapporter à cela, cette autre calomnie, qui eſt des mieux marquées : *Il enſeigne*, (dit le meſme Impoſteur, parlant du P. Bauny) *que de ieunes gens qui ſe corrompent auec des femmes, ne ſont pas obligez de quitter leur conuerſation, s'ils ne peuuent le faire ſans donner occaſion au monde de parler, ou ſans en receuoir de l'incommodité.* La bonté de Dieu eſt extreme enuers cét Homme, de n'auoir pas au moins per-

Autre falſification impudente.

mis que le bras luy sechast, écriuant cette calomnie. Autrefois vn mot de raillerie dit à vn de ses Seruiteurs, fut puny par les Bestes farouches, & par le feu qui tomba du Ciel. Ie ne veux point d'autres témoins que les yeux du Lecteur : ie n'en appelle qu'à son soin & à sa diligence : qu'il voye exactement le Liure du Pere, il treuuera qu'il ne parle point de ieunes gens, & encore moins de ieunes gens qui se corrompent auec des Femmes. Son Imposteur luy preste toutes ces paroles, auec mesme pudeur & mesme charité, qu'il luy preste ailleurs le mot de macquerelage. La proposition du Pere est generale, & ne parle que de ceux *qui en leur traffic, en leur commerce, ou en leur discours, sont obligez de traitter auec des Filles & des Femmes ; & pour de semblables necessitez, sont dans les dangers & les occasions du peché.* Que s'il les décharge de l'obligation d'abandõner pour ce danger les conuersations qui sont necessaires à leur commerce : il ne le fait pas d'authorité priuée, il le fait apres Nauarre, apres Beia, apres Grassius, apres Diana, & quantité d'autres, qui sont tous Autheurs de credit & de marque ; & ne sont pas Iesuites.

Bauny chap. 46. q. 1. concl. 7

Doctrine du P. Bauny appuyée d'authorité & de raison

Nauar. ca. 3. Manual. n. 17 Grassius li. 1 c. 28. nu. 21. Beia tom. 1, casu. 39. Diana tract. 16. resolut. 45. secunda partis.

Certes aussi, il faudroit que Dieu eust

fait vn Monde à part pour les Hommes, & vn Monde à part pour les Femmes, s'il deuoit y auoir de la separation, par tout où il y a danger de quelque mauuaise habitude. Le nombre est assez grand, de ceux qui ne s'approchent pas du feu qu'ils ont au logis, & se vont brûler dehors: & ce n'est pas assez, que le Faux-bourg & les Marais soient separez de tout vn demy-monde; ils ne laissent pas de se visiter, & d'entretenir des communications scandaleuses. Mais nostre Aduersaire a supprimé, & les raisons & les Autheurs alleguez par le Pere: & par vne étrange sorte de restitution, pour suppléer du sien ce qui luy ostoit; il a fait comme les Voleurs, qui laissent de mauuais habits à ceux qu'ils dépoüillent: il luy a donné vne proposition odieuse, & des termes de mauuaise odeur, pour vne doctrine approuuée, & des paroles innocentes.

SECTION VII.

Imposture de l'autheur de la Theologie Morale, sur le Commandement de Chasteté.

IL ne restoit apres ces impostures, qu'à nous faire les Garans de l'Adultere,

& les ennemis de l'Honnesteté publique. L'Autheur de la Theologie Morale, n'a pas voulu nous estre auare de ces beaux eloges; & pour les appuyer, il fait venir ie ne sçay quels Ecrits de la Fléche, où il dit qu'il est enseigné contre le Commandement de Chasteté, qu'vn homme qui souïlleroit le lit de son prochain, de son consentement, ne commettroit pas vn adultere. Il faut estre bien plein de Christianisme, pour souffrir patiemment vne imposture si noire & de si perilleuse consequence; toute la froideur & tout le flegme de la Philosophie n'y suffiroient pas: & des Gens d'honneur qui ont voulu estre éclaircis de cét article, se sont écriez contre la conscience du Calomniateur, qui a noircy tout vn Ordre Religieux, & scandalisé le Public par vn pernicieux equiuoque.

Autre imposture impudente & scandaleuse.

Ie veux que le Professeur de la Fléche, ait enseigné qu'il n'y auroit point d'adultere, à souïller le lit d'vn Mary, de son consentement; enseigne-t'il pour cela que le commandement de Chasteté n'en seroit point violé? décharge-t'il de peché, celuy qui abuseroit d'vne si infame condescendance? le tire-t'il de l'Enfer des Impudiques, en le tirant de l'Enfer des Vsurpateurs & des Iniustes ? & son Accusateur n'est-il pas vn étrange faiseur de consequences, d'inferer de là, que nostre doctrine est contraire à la Chasteté ? n'est-il pas vn delateur fort serieux & de bonne foy, de nous faire passer sur vn mot qu'il n'explique qu'à demy, pour des Gens qui introduisent le deshonneur & la confusion dans les Familles, qui ostent la bride & le ioug aux Passions deshonnestes, qui ouurent la porte à la licence & à la débauche ? S. Thomas qui auoit la pureté des Anges, comme il en auoit l'esprit & les lumieres, a enseigné cette doctrine auant le Professeur de la Fléche, & il n'a pas crû pourtant offenser la Chasteté, ny violer l'honneur des Mariages.

Le Calomniateur est iniurieux à S. Thomes, & l'accuse de iustifier l'Adultere.

Que l'on sçache donc, que l'Adultere est vn Peché double, & vn Monstre à deux testes : de l'vne il offense la Chasteté, & a lieu parmy les pechez deshonnestes : de l'autre il est iniurieux au Mary, par l'vsurpation qu'il fait d'vn droit qui ne souffre point de societé : & cette iniure selon la doctrine d'Aristote, estant la propre forme & le trait essentiel qui fait l'Adultere ; S. Thomas & les Docteurs qui le suiuent, inferent de là, que l'ac-

2. 2. quæst. 59. art. 3.

quiescement du Mary, & la succession qu'il feroit de son droit, ne laissant point de lieu à l'iniure, n'en laisseroit point aussi par consequent à l'Adultere.

Cette opinion de S. Thomas, n'estant pas receuë de la pluspart de nos Autheurs, celuy qui nous en fait vn crime, a failly bien plus dangereusement que l'ancien Romain: au lieu de frapper vn simple Soldat, il a frappé le Prince de l'Escole: & le coup qu'il a tiré contre vn Iesuite inconnu, est tombé sur la teste de la Theologie. Mais qu'y feroit-on? la hayne ne discerne point les conditions ny les Personnes: il n'y a point d'authorité passée ny de vertu presente qui luy soit inuiolable: & pour blesser vn Ennemy, elle perceroit le voile du Temple: elle tireroit au trauers des Images des Saincts; & peut-estre ne les épargneroit-elle pas eux-mesmes, s'ils se venoient mettre deuant elle.

Quoy qu'il soit de cette opinion de S. Thomas, il faut auertir serieusement les Railleurs, & ceux qui les écoutent, que le salut n'est pas vne matiere à bons mots: & que la galanterie seroit trop

Reflexiõ vtile sur ce point

dangereuse, de hazarder son Ame sur vn equiuoque. Dieu ne nous iugera pas par les formalitez de l'Escole : & le consentement des Maris, ne sera pas vne piece receuë au procez des corrupteurs du Mariage. Il importe bien peu, que l'on descende en Enfer, par la porte de l'Impudicité simple ; ou par celle de l'Adultere formel : que l'on soit mis dans le bucher des Fornicateurs, ou dans celuy des Violateurs du Droit & de la Iustice : on ne remontera non plus par vne porte que par l'autre : & les flames de l'vn & de l'autre bucher seront eternelles.

Mais la faute est bien moindre, en ceux qui raillent sur cette matiere; qu'elle n'est en celuy, qui par vne scandaleuse imposture, a donné lieu à de si perilleuses railleries. S'il ne vouloit pas épargner nostre reputation, il deuoit au moins épargner la conscience de son prochain: il ne deuoit pas soüiller l'Honnesteté publique en nous chargeant de bouë. Il deuoit prendre garde que les pierres qu'il nous iettoit, ne deuinssent pas des pierres de scandale; & qu'il ne s'en fist pas des occasions de chutte, deuant les pieds des foibles & des simples. De quelle raison se iustifiera-t'il deuant Dieu; s'il

Les Impostures du Calomniateur sont scandaleuses, & pensée auoir de tres-mauuaises suites.

s'il arriue qu'on luy fasse voir sur ses contes, tant de femmes débauchées en vn an, tant de Mariages soüillez ; tant de Familles deshonorées, tant de Duels & tant de meurtres, tant d'Vsures & tant de Simonies ; que les Ignorans & les Libertins peuuent commettre, en prenant au pied de la lettre toutes ses impostures : & allongeant leurs consciences ; selon l'étenduë de la doctrine, qu'il impute malicieusement & auec scandale aux Iesuites ? A Dieu ne plaise que la Calomnie ait de si mauuaises suites, que son venin soit si contagieux, & donne la mort à tant d'Ames : & que de si peu de papier il s'allume vn si grand feu d'iniquitez. Mais si cela arriuoit, comme certainement il peut arriuer ; l'Autheur de cette Calomnie auroit esté aussi vierge que les Anges, & aussi pauure que le Lazare ; que sa part ne laisseroit pas d'être auec les Adulteres, auec les Vsuriers & les Simoniaques : & nous le pleurerions amerement & à chaudes larmes, si de tant de pierres de scandale ramassées & mises ensemble, il se faisoit vn iour à son col, vne meule qui le tirast dans l'abisme.

SECTION VIII.

Imposture de l'Autheur de la Theologie Morale, sur le commandement de Charité.

APres nous auoir traitez si Chrestiennement, que ie viens de dire: apres auoir enfermé en si peu de papier, assez de venin pour empoisonner tous ceux qui l'ouuriront, s'ils n'ont la constitution bonne & la teste forte; apres auoir mis par toutes les ruës, & en toutes les maisons, tant de pierres d'achoppement, & tant d'occasions de scandale; encore nous accuse-t'on, de ruiner par toutes sortes de voyes, le commandement d'Amour & la loy de Charité. Vn homme qui poursuit son Prochain innocent l'épee dans les reins, & qui ne veut point d'accommodement auec luy; s'il ne se laisse égorger, ou s'il ne saute dans vn precipice, n'est-il pas bien fondé de luy reprocher qu'il n'est pas charitable?

A ces grandes paroles du Calomniateur, *Ils ont ruiné le commandement d'aymer Dieu: ils diminuent autant qu'ils peuuent l'obligation de ce grand commandement*; & autres semblables termes, qui promettent

Theol. Mor. pag. 16.

de la multitude, le Lecteur ouure de grands yeux, pour voir passer des tesmoins en foule, & des preuues produites à milliers : on luy fait attendre des Maisons, des Academies, & des Prouinces entieres de Iesuites, conuaincus d'auoir préché contre le Commandement de Charité : & toute cette attente se reduit à vn petit Liure d'vn Particulier, qui entreprit il y a trois ans auec plus de zele que de necessité, de verifier la doctrine du Concile de Trente, touchant la validité de l'Attrition aidée par le Sacrement de Penitence. Son Censeur dit, que ce Liure a esté approuué par quatre de nos Docteurs : il en met vn de trop ; & ne dit pas qu'il a aussi l'approbation de Monsieur le Chancelier de l'Vniuersité, qui a assez de science & assez de probité, pour en faire toute vne douzaine.

Or quoy que ce Particulier ne fust ny vn Geant, ny vn homme à plusieurs corps comme le Gerion de la fable ; nostre Aduersaire neantmoins le fait monter autãt que toute nostre Compagnie, & luy en donne toute l'étenduë. Il a crû peut-estre qu'il n'auroit point de Lecteurs qui n'eussent sur les yeux de ces lunettes qui font voir cent pour vn, & qui donnent du corps & de la masse aux atomes : il a crû qu'ils prendroient vn homme pour tout vn Peuple, & qu'vn grain de sable leur parestroit vne Montagne. Par cette multiplication toute miraculeuse, & qui n'a point encor eu d'exemple; prenant le fû Pere Antoine Sirmond pour tous les Iesuites, il les charge de cette haute imposture: *Ils ont passé iusques à cette impieté, de soustenir que l'acte interieur d'Amour de Dieu, n'estoit que conseillé, & non point commandé.*

Theolog. Mor. pag. 7.

I'ay déja dit que le Calomniateur se méconte, de prẽdre vn pour vingt mille: ie dis encor, que cét vn n'estoit pas assez fort, pour en tirer vingt mille apres luy, & les faire passer à l'impieté qui leur est imputée. Ie dis de plus, que la confiance de nostre Aduersaire est bien grande, de s'exposer si temerairement, au hasard d'estre confronté auec tout ce qu'il y a d'exemplaires de ce Liure, qui ne manqueroient pas de le démentir, s'ils estoient appellez en témoignage. En tout le Liure du Pere, il n'y a rien qui ressemble à ce qui luy est reproché que ces seules paroles. *Que faut-il dire du grand precepte d'Amour? qu'il nous est v-*

Traicté 2. chap. 4.

commandement de douceur au regard de l'Amour affectif, & vn commandement de rigueur quant à l'Amour effectif. Sont-ce là les paroles d'vn Impie ? d'vn homme qui cherche a éteindre la Charité ? qui veut exterminer le saint Amour, & le bannir du commerce des Fideles ? & si le pere est Impie, pour auoir donné à l'Amour qui a de l'action, & qui obserue les commandemens, vne authorité plus absoluë, & vn droit plus souuerain & plus indispensable, qu'à cét autre Amour affectueux qui ne sort point du cœur, & se consume en aspirations & en tendresses : les Saincts Peres auront donc esté des Impies; quand ils ont pris en ce sens, les paroles par lesquelles le Sauueur a reduit toutes les preuues de nostre Amour, à l'obseruation de ses loix : le Chancelier Gerson aura donc enseigné vne doctrine impie, lors qu'il a expliqué en ces termes le premier article du Decalogue : *L'homme garde comme il doit le commandement d'aymer Dieu, quand par ses œuures il remplit la Loy & satisfait à tous les preceptes.* Trois Eglises Episcopales de France, qui ont authorisé cette doctrine de Gerson, & l'ont cōme canonisée, en l'inserant en leur Ri-

Qui diligit me, sermonē meum seruabis.

Hoc præceptum conuenienter ab homine seruatur, & non aliter, si legē Dei & alia præcepta operibus impleat.

Gers. opera tripart.

Rituels de Paris imprimez l'ā 1581. 1601. 1615. 1630.

De Toul, imprimé l'an 1559.

De Bourges, imprimé l'an 1588.

tuels, auront dõc esté des Eglises impies & des Espouses Adulteres? huit Sinodes, c'est à dire huit Eueschez de ce Royaume, où cette doctrine a esté admise solemnellement & de l'approbation des Prelats, & des Vniuersitez mesme de Paris & de Reims qui l'ont receuë, comme il est remarqué dās les Synodes de Chartres & de Chaalons, auront dont esté des Synagogues de Sathan, & des Chaires de pestilence? le Calomniateur ne visoit pas à tant de Gens : de la Memoire du feu Pere Antoine Sirmond, il auoit fait vn Phantôme, dans lequel il croyoit auoir frappé d'anatheme tous les Iesuites : & il se trouue que son anatheme est tombé sur des Eglises Episcopales, sur des Synodes, sur des Vniuersitez, sur des Docteurs, & sur des Saints Peres.

Synodes de Meaux, l'an 1511. De Chartres, l'an 1526. De Sens, l'an 1528. De Rhodez, l'an 1552. De Beauuais, l'an 1554. De Paris, l'an 15... De Chaalons, l'an 1557. où il est dit que la Faculté de Theologie de Rheims l'auoit approuuée. De Chartres, l'an 1575. où l'on parle de l'approbatiō qu'elle auoit receuë de la Faculté de Paris.

L'accusation du Calomniateur retombe sur des Saincts Peres, sur des Vniuersitez, sur des synodes & des Dioceses entiers.

Il va encore plus auant, & luy reproche d'auoir dit, *Que Dieu nous commandant de l'aymer, ne nous obligeoit pas tant de l'aymer, que de ne le point hayr : qu'on pouuoit estre sauué sans auoir iamais aymé Dieu en sa vie : & qu'il suffisoit d'accōplir ses preceptes, sans intention ou affection pour luy.* Pour découurir le venin de l'imposteur, qui démembre vne doctrine qu'il veut rendre odieuse, & la tronçonne par des sup-

Theol. Mor. pag. 7. & 8.

pressions malignes; il ne faut que rapporter les termes de celuy qu'il accuse. Le P. Antoine Sirmond traittant de l'Amour de Dieu, & des deuoirs qui nous y obligent, demande si celuy-là pecheroit mortellement contre le precepte d'Amour, qui n'en feroit aucun acte interieur en sa vie. A cela il répond en ces propres termes : *Ie n'oserois ny le dire ny le dédire de moy-mesme, S. Thomas semble répondre que non, & se contenter pour éuiter la damnation, que nous ne fassions rien d'ailleurs contre la sacrée dilection, quoy que iamais en cette vie nous n'en eussions l'acte formel.*

Au Traicté 2. chapit. 3. pag. 15.

Qui in via hoc praeceptum nõ implet, nihil faciens contra diuinam dilectionem, nõ peccat mortaliter.

S. Tho. 2. 2. q. 44 art 6. resp. ad 2.

Ce n'est donc pas sur le P. Sirmond que tombent les grandes iniures de l'Imposteur, c'est sur S. Thomas, & en luy elles noircissent la plus pure lumiere de l'Escole. A la doctrine de ce S. Docteur, le P. adiouste celle du Fils de Dieu, qui dit, que celuy qui l'ayme gardera sa parole, & sera aymé de son Pere, & que celuy-là l'ayme qui garde sa parole. Et en fin il conclut en ces termes : *Il est donc dit que nous aymerons Dieu, mais effectiuement,* opere & veritate, *faisant sa volonté, comme si nous l'aymions affectiuement, comme si son Amour sacrée bruloit nos cœurs, comme si le motif de Charité nous*

Qui diligit me, sermoné meum seruabit, & Pater meus diliget eum.

Ioan. cap 4.

Page 19.

y portoit. S'il le fait reellement, encore mieux: s'il ne le fait, nous ne laissons pas pourtant d'obeyr en rigueur au commandement d'Amour, en ayant les œuures. De façon que, voyez la bonté Dieu, il ne nous est pas tant commandé d'aymer que de ne point hayr, soit formellement par hayne actuelle, ce qui seroit bien diabolique, soit materiellement par transgreßion de la Loy.

Voila la doctrine que le Calomniateur accuse d'erreur, d'impieté & d'atheïsme; & comme si ces iniures parties de sa main ne frappoient pas assez fort, il veut les fortifier de l'authorité de Monsieur Du Val, à qui il les impose, le citant luy-mesme plus à faux que n'a fait le Pere Sirmond; qui n'a dit autre chose, sinon que la distinction de l'Amour affectif & de l'Amour effectif estoit receuë de ce fameux Docteur, comme elle l'est de toute l'Escole.

M. Du Val To.2.pa.684.

Mais pour reuenir au fonds de la doctrine: vn Censeur si capable & si suffisant: vn Homme qui fait estat de ne marcher qu'auec des Conciles, & parmy des Peres assemblez en Corps pour luy faire escorte, a-t'il eu si peu d'habitude auec S. Thomas, qu'il n'eust iamais oüy les paroles que le Pere Sirmond en allegue?

a-t'il eu si peu de conference auec sainct Bernard, qu'il n'eust pas appris de luy à distinguer la Charité, en Charité d'action, & en Charité d'affection; & à reconnoistre que c'est principalement de la premiere que la loy est donnée aux hommes? Pour le moins il deuoit auoir oüy de sainct Iean, qu'en cela consiste la Charité de Dieu, que nous gardions ses Commandemens? Il deuoit auoir appris du Sage, que l'obseruation de la Loy est la vraye dilection? & faisant le Theologien Critique, il deuoit sçauoir que le precepte d'aymer Dieu, estant affirmatif & negatif, comme on parle en l'Escole, & composé de commandement & de defense; il porte vn deuoir plus rigoureux & moins dispensable, & vne obligation plus étenduë par où il defend, que par où il commande. Il defend la hayne de Dieu, & de ce costé là il oblige à tout moment & en toute occasion; n'y ayant ny occasion ny moment auquel la hayne du Souuerain Bien ne soit vn souuerain mal. Il commande aussi l'actuel Amour de Dieu; mais l'obligation de ce costé là n'est pas si étroite ny si étenduë: il y a des temps & des occurrences qu'elle laisse libres, & l'on peut

Vbi est Charitas in actu, est & in affectu: & ne illa quidem quæ operis est, puto datam esse legem hominibus, mádatúmque formatum. *S. Bern. ser. 3 in Cantic.*

Hæc est Charitas Dei, vt mandata eius seruemus. *S. Ioan. ep. 1. cap. 5.*

Dilectio custodia legum illius est. *Sap. 2. c. 6.*

quelquefois s'en dispenser sans demerite. Le feu de la Charité habituelle doit bien estre tousiours allumé dans nos Cœurs ; mais l'Amour actuel à qui il appartient de l'entretenir ; ne sçauroit tousiours souffler dessus, & l'attiser sans relasche : il doit auoir ses heures de repos, & ses interuales libres : & ce ne sera qu'au Ciel qu'il sera tousiours éueillé & tousjours en action : & ce ne sera que deuant le Thrône de Dieu & parmy les Serafins, qu'il battra continuellement des aisles. Voila ce qu'a voulu dire sur ce point le Pere Antoine Sirmond : ce ne sont pas ses termes, mais c'est sa doctrine : & cette doctrine appuyée de l'authorité de l'Escriture & des Docteurs, a tiré sur luy & sur tout ce que nous sommes, des iniures où il y a plus de venin que d'ancre ; & qui semblent plustost auoir esté escrites auec des griffes qu'auec vne plume.

Le Calomniateur continuë ses impostures, & adiouste : *Ils ont osé dire que Iesus-Christ eust pû faire des actions de vertu, sans les rapporter à la gloire de son Pere.* Ces paroles sont des masques dont il veut faire peur aux Enfans & aux Femmes : & les appliquant aux Iesuites, il croit

Theol. Mor. pag. 7.

en auoir fait de nouueaux Monstres. Le Pere pourtant ne dit rien de tout ce qu'il luy fait dire : il dit seulement, *Que si le Fils de Dieu, qu'il auouë n'auoir iamais esté vn moment sans Charité actuelle, eust fait vn acte de quelque vertu particuliere, sans relation à la Charité actuelle, cét acte n'eust pas laissé d'estre sainct de la saincteté increée, & de meriter nostre redemption.* De ces paroles qui ne sont que conditionnelles, & ne sont pas decisiues, & qui parestront innocentes à quiconque n'aura point de venin dans les yeux, l'Accusateur infere contre tous les Iesuites cette importante consequence : *Ils ne peuuent souffrir qu'on enseigne aux Chrestiens, auec S. Paul & les Peres, l'obligation qu'ils ont de rapporter toutes leurs actions à Dieu.*

Traicté 3. pag. 20.

Impo sture ridicule & impudéte.

Cét Homme se souuient-il qu'il parle des Iesuites? d'vne Compagnie qui a pour mot & pour deuise, la plus grande gloire de Dieu; qui est de serment de la chercher en toutes ses fonctions ; qui a vne Regle expresse de seruir par Amour plustost que par Esperance, ny par Crainte ? Se souuient-il qu'il parle d'vn Corps, qui poursuit la plus grande gloire de Dieu sur toutes les Mers, & par toutes les Terres ; qui a passé à de nouueaux

Mondes, & aux Pays d'vne nature inconnuë, pour y porter la connoissance de Dieu, & les remplir de sa plus grande gloire ? Si les espaces imaginaires estoient habitez, & que les Colporteurs de Paris peussent aller en ce Pays-là crier leurs Libelles, l'accusation du Compilateur y pourroit treuuer de la creance : mais sous le Ciel, & par tout où le nom Chrestien est connu, ie ne croy pas, pour ne rien dire de plus aigre, qu'elle passe iamais que pour vn Paradoxe.

Et à ce propos nous pourrions bien luy respondre ce que respondit vn Caualier à quelqu'vn qui l'accusoit de lascheté & de trahison : Mon Amy, luy dit-il, quand vous me viendrez faire ce reproche sur vne bréche, & au feu de douze Canons, & de deux mille mousquetades, ie songeray à vous répondre. Nostre Aduersaire nous accuse de ruiner le Commandement de Charité, de détourner les Fideles du seruice & de l'honneur de Dieu ; d'estre deserteurs de sa cause & de sa gloire : & le meilleur est, qu'il fait peut-estre cette accusation, derriere vn par-à-vent, & dans vne Chambre fermée au mauuais temps &

Réponse à ceux qui accusent les Iesuites de manquer de Charité.

aux mes-aises. Que luy & tous ceux qui sont de son opinion sortent de Paris; qu'ils abandonnent l'ombre de leurs maisons; qu'ils rompent tous les liens qui les peuuent attacher à la vie, & aillent faire ces reproches aux Iesuites, dans les Hospitaux des Armées du Roy, entre les malades & les morts des villes pestiferées, dans les prisons & sous les gibets d'Angleterre, sur les neiges & dans les feux des Sauuages de Canada, à la fumée des buschers du Iapon, & deuant les tables sanglantes de ces autres Peuples, qui sont chasseurs & mangeurs des hommes. On leur donne parole, que s'ils font cette partie, l'opinion qu'ils ont des Iesuites ne les suiura pas iusques aux Terres neufues: le premier vent qui s'éleuera sur la Mer la fera tomber, & auant qu'ils soient bien loin, ils prendront vn autre Esprit, & parleront vne autre Langue.

SECTION IX.

Doctrine pratique des Iesuites sur le Commandement de Charité. Calomnie extrauagante & ridicule de leurs Ennemis.

S'Il ne falloit opposer que des Liures, à trois lignes falsifiées & corrompuës, que nostre Aduersaire allegue pour persuader au Monde, que nous sommes destructeurs de la Gloire de Dieu, & Ennemis du saint Amour ; ie pourrois alleguer des Bibliotheques entieres, de Meditations, de Manuels, de Pratiques, d'Exercices & d'autres semblables Liures de nos Escriuains, qui sont d'immortels & infatigables Predicateurs, qui annoncent la Gloire de Dieu, & preschent son Amour en toutes langues. Ie pourrois citer en vn mot, des Chapitres entiers du Liure de Vie, qui est bien vn autre Liure, que ceux qui nous viennent du Pays des Inuectiues & des Satyres. Ie pourrois dis-je citer des Saints canonisez & des Saints canoniser, qui nous seroient des témoins irreprochables de la pureté de nostre doctrine en cette matiere. Du consentement de tout le monde, S. Charles Borromée en Italie, Sainte Thereze en Espagne, & en France le bien-heureux Euesque de Geneue, & Monsieur Bernard, la Mere Marie de l'Incarnation, & Madame de Chantal ont esté des Serafins durant leur vie; & ceux qui en sçauent l'histoire, sçauent aussi que le Liure des Exercices spirituels de S. Ignace, a esté comme le premier charbon mystique qui a purifié leurs levres, & leur a mis dans l'Ame le premier feu de la Charité Chrestienne.

La doctrine doit estre iugée par les œuures.

Mais pour informer de nostre doctrine, il faudroit mettre nos œuures à l'inquisition, & non pas donner la gesne à nos paroles, ny mettre des Liures à la torture, afin de les faire parler contre leur intention, & d'en tirer contre leurs Autheurs des faussetez forcées & des Accusations de contrainte. Le Docteur Chrestien doit commencer à parler par ses actions: il faut interroger ses mains des intentions de son cœur, & des opinions de sa teste; & ce qu'il fait, doit estre la glose & l'interpretation de ce qu'il enseigne.

Peut estre qu'on prendra encore nos

œuures pour des Equiuoques: nos mains seront accusées d'ambiguité, aussi bien que nos Liures; & nous ne pourrons faire vne bonne action, qui ne soit soupçonnée de quatre retentions mentales. Cela veritablement est bien estrange, que les épines, & pour vser des termes de sainct Paul, le bois & la paille deuiennent de l'Or entre les mains de nos Ennemis; & que l'Or se change en bois & en paille entre les nostres. Si l'on nous charge de maledictions & d'impostures, si l'on fait de nostre reputation vn Phantosme à trainer par les ruës; si la Calomnie nous deschire de toutes ses dents & de tous ses ongles; si elle lasche contre nous toutes ses Satyres; tout cela se fait au nom de Dieu & pour sa gloire: cela s'appelle exterminer les Heretiques & seruir l'Eglise: & ceux qui luy rendent ces importans seruices, se croyent bien fondez de luy demander des pensions; & de s'arroger la protection des Prelats & des Mithres.

Les Iesuites sont accusez du Bien mesme qu'ils font.

Les Iesuites au contraire, sont coupables mesme de leurs bonnes œuures: on les accuse de tout le bien qu'ils font, & de tout le mal qu'ils souffrent. S'ils se chargẽt des trauaux, qui accompagnent l'instrul'instruction de la Ieunesse, on dit que c'est pour gagner les Peres par les enfans, & pour enuahir les familles par les Classes : s'ils seruent dans les emplois des Confessions & de la Predication, on leur fait acroire qu'ils erigent en Throsnes leurs Confessionaux, & leurs Chaires, & qu'ils veulent regner sur les Consciences. Si des Ecclesiastiques, des Gentils-hommes, des Iuges, des Personnes d'aage & de condition s'assemblent dans nos Maisons, pour donner au seruice de Dieu, & à l'affaire de leur salut, quelques heures choisies & de reserué ; ces Assemblées sont accusées de conspirations & des desseins secrets, on leur impose des noms étranges & des formes hideuses, on en fait des Monstres & des Phantosmes pour en effrayer les Puissances. Si nous nous exposons à des naufrages, à des Precipices, à des Bestes farouches, pour aller en des païs où il n'y a rien à gagner pour nous que des tourmens & des Ames ; vn Compilateur de Calomnies soustiendra hardiment, que c'est pour trafiquer de Peaux auec les Sauuages : & pour appuyer son imposture d'vne piece fort authentique, il supposera vn Contract d'association fait auec des Marchands de Dieppe. Certes il ne deuoit pas la liurer si courte: & comme il veut qu'on croye que nous nous exposons aux feux & aux chaudieres des Hurons & des Iroquois pour des Castors; il deuoit aiouster, que nous nous iettons entre tous les Gibets d'Angleterre, pour en tirer des Rubans & des Bas de Soye: que nous nous presentons aux dents & aux broches des Brasiliens, pour trafiquer de Perroquets & de Singes: & que pour rapporter des Porcelenes du Iappon, nous trauersons tout ce qu'ils y a de morts sur des Mers qui ne sont iamais calmes, & dans des Terres qui sont tousiours sanglantes & tousiours embrasées. L'imposture en cela se trouueroit d'aussi belle couleur au Soleil du Brasil que sur les Neiges de Canada: & il est aussi croyable, que nous pouuons estre Marchands de Guenons, que Changeurs de Castors.

Calõnie extrauagante & ridicule

Tant de Personnes de condition, soit de la Noblesse, soit de la Robbe, qui sont parmy nous, auroient fait vne fort bonne Fortune, & leurs Proches leur deuroient beaucoup, pour auoir aiousté ce nouueau titre à celuy de leurs Anceſtres. Et pour ne parler point de quantité d'autres, qui ſont aſſez connus & aſſez illuſtres, le P. Charles que toute la France a veu Prince de Lorraine & de l'Empire, Eueſque de Verdun, & en fin Ieſuite, auroit eſté vn homme fort ambitieux & de grand deſſein, de laiſſer la Mithre qu'il auoit ſur la teſte, & le Chapeau de Cardinal qui luy eſtoit preſenté, pour s'aſſocier auec les Marchands de Dieppe. Le Prince Caſimir auroit fait vne haute conqueſte, de ſortir du rang de plus de ſoixante Rois, qui ont eſté ſes Peres; & de quitter ſa part de la Couronne de Pologne, qui luy pendoit ſur la teſte, pour entrer en communauté auec des Marchands de Dieppe: il auroit aiouſté vn grand luſtre aux Images & aux Triomfes de ſes Predeceſſeurs, de leur donner vn Neueu Changeur de peaux & Maquignon de Caſtors. Et ſans ſortir de Paris, le Neueu de Monſeigneur le Prince & de Madame la Princeſſe, le Couſin germain de Meſſieurs leurs Enfãs, & Frere de deux Ducs & Pairs de Frãce, auroit fort releué ſa condition, & la gloire

[...]e Pere [...]harles [...]rince [...] Lor[...]ine, & [...]ueſque [...] Ver[...]un, le [...]rince [...]aſimir [...] quã[...]té d'au[...]es Gẽ[...]ls hom[...]es de [...]dition ſont [...]ts [...]ar[...]ans de [...]aſtors, faiſãt [...]ſuites.

de tant d'Illustres Parens, de se faire Marchand de Poil; & sa fortune seroit bien mieux établie sur des peaux sauuages, & sur les necessitez d'vn Peuple demy nud & Barbare, que sur la grandeur de ses Proches, & sur l'antiquité de sa Maison.

Mais puisque le Calomniateur fait bruit d'vn Contract, qu'il ne pourroit produire qu'à sa honte, s'il n'impose aux Notaires, comme il impose aux Autheurs, & s'il n'est aussi habile falsificateur de Contracts, qu'habile Corrupteur de liures: Encor en faut-il éclaircir le Peuple, qui n'a pas tousiours la veuë bien nette, & qui prend assez souuẽt des Phãtosmes pour des Corps solides. On sçaura donc, qu'enuiron l'an 1611. feu Madame de Guercheuille, qui auoit vn fonds assez petit en la communauté de Messieurs du Commerce de Canada; ayant pensé de le transporter de la Terre au Ciel, & le faire profiter sans risque & au centuple pour l'autre vie, le donna à nos Peres, à condition qu'il seroit employé à l'entretenement de ceux qui trauailleroient à la conuersion des Sauuages. Nos Peres qui ne pouuoient pas si commode-

Quel est le Contract que le Calomniateur reproche aux Iesuites.

ment tirer ce fonds de la masse commune, & le colloquer ailleurs, en firent vn transport à vn Marchand de Dieppe, qui s'obligea par Contract, d'en faire tenir la rente à ceux de Canada, selon l'intention de Madame de Guercheuille. Voila au vray toute l'histoire de ce Contract, dont nostre Aduersaire croit auoir fait vne excellente piece : l'importance est, que nous sommes si habilles Marchands, & si grands ménagers des moindres profits, qu'on a iamais tiré vn sol de cette rente : & si l'Eglise de ce Pays-là n'eust esté fondée que sur nostre trafic, elle seroit encore à naistre ; & la premiere pierre n'en seroit pas peut-estre encore posée.

Mais pour n'en dire pas dauantage, outre l'Acte public, par lequel Messieurs les Associez du Commerce de la Nouuelle France, ont desauoüé cette imposture, le progrez que le Christianisme fait dans ces Deserts Sauuages, montre bien si nous y allõs pour écorcher des Castors, ou pour sauuer des Ames. Si ceux qui en parlent, auoient esté condamnez d'y passer vn hyuer, en des cabanes, qui ne sont à les bien

L'acte est dans la Relation de l'an 1643. & a esté signé de tous les Associez.

peindre, que des Enfers de fumée enuironnez de neige; ie ne croy pas qu'il pensassent à se charger de peaux pour leur retour: & il n'y a point de si miserable esquif, auquel il ne s'exposassent pour repasser en France.

Toutes les autres impostures du Calomniateur, sont aussi foibles & d'aussi mauuaise couleur que celles-là; & cela est estrange, de quelle hardiesse il cotte des passages, qu'il est asseuré qui ne luy seront pas confrontez iuridiquemēt & en presence de Iuges. Quād les Liures qu'il allegue seroient escrits en Arabe, il ne pourroit pas les auoir falsifiez auec plus de confiance: & il est si persuadé de la credulité de ses Lecteurs, qu'il s'est figuré que deux fausses citations mises à la marge, & trois passages de sa façon, imprimez en autre caractere que le texte, auroient autant de force que des sermens: & qu'on leur defereroit, comme à des Actes d'authorité publique. Ie mettrois plus de tēps, à examiner de point en point sa mauuaise foy, & luy confronterois tous les tesmoins qu'il allegue: mais outre qu'vn autre le fera plus exactement, & auec plus de loisir; i'ay creu qu'auant que de finir il estoit de nostre deuoir & du bien commun de l'Eglise, de nous iustifier enuers Nosseigneurs les Euesques.

SECTION X.

Des artifices & des Calomnies dont les Ennemis des Iesuites ont preuenu quelques Euesques.

NOs Ennemis employent tout ce qu'ils ont de mauuaises couleurs pour noircir nos intentions & décrier nostre conduite : & pour persuader à Nosseigneurs les Euesques, que nous pretendons nous éleuer au dessus d'eux, & leur oster la disposition de leurs Crosses, C'est vne vieille ruse des larrõs, de decrier les chiens, & les faire chasser par les Bergers ; pour dérober plus seurement, & auoir meilleur conte de la Bergerie. L'Heresie l'a pratiqué ainsi de tout temps, & n'y a reüssi que trop souuent, à la ruine des Ames, qui demeuroient exposées aux Loups & aux Voleurs, tandis que les Pasteurs & ceux qui estoient enuoyez pour les seruir, disputoient entre eux de leurs droits & de leurs offices.

Nous n'accuserons iamais les Prelats de ces desordres : ils sont trop vigilans, & ont de trop pures intentions : leur zele est trop soigneux & trop discret, & leur Charité trop éclairée : & l'Heresie auec tout son fard & tous ses deguisemens, n'auroit pas l'impudence de se presenter elle-mesme, deuant des flambeaux de si grande lumiere. Elle agit de loin, & par des Personnes interposées : elle remuë tant d'instrumens, & met en action tant de Mediateurs, qu'en fin de main en main, elle introduit la Discorde dans l'Eglise ; & la Discorde introduite, luy ouure la porte, & l'y fait entrer apres elle.

Sentimẽs des Iesuites sur ce suiet.

Ie le dis encor vne fois, Nosseigneurs les Prelats sont tous sages, & ont tous de bonnes intentions : mais il n'en est pas de mesme de tous ceux qui les assiegent, & qui sont plus amis de leur fortune, que de leur dignité, ny de leurs Personnes. Les plus Saincts Hommes du Monde, que l'Escriture compare à des Arbres fructueux, peuuent estre enuironnez d'épines steriles & piquantes : ils peuuent estre assiegez de

Guespes, qui ne seruent qu'à faire du bruit, à corrompre les fruits, & donner des atteintes à ceux qui s'en approchent. Les meilleurs Euesques ne peuuent-ils pas estre suiets à de semblables inconueniens? ne peuuent ils point estre enuironnez de Gens malueillans & interessez, qui ont apporté d'ailleurs l'Esprit de Diuision & de Partialité? qui sont ennemis de nostre nom depuis le temps de leur Grammaire? qui sont les Protecteurs des Mithres pour en tirer de temps en temps quelque filet? & qui feignent d'appuyer les Crosses pour y mettre les mains & les ronger plus à leur aise?

Nous croyons serieusement, que les Maisons des Prelats sont toutes sainctes; & que leur Vertu comme celle de sainct Pierre, s'estend iusques à leur ombre: mais nous ne pouuons ignorer, que nos Ennemis ne leur battent continuellement les oreilles de nostre nom, iusques à leur en rompre la teste. A les oüyr dire, les Philistins ne furent iamais si ennemis du Peuple de Dieu, que nous sommes ennemis de la Hierarchie: tantost ils reduisent à rien tous nos ministeres,

Lieux cõmuns de ceux qui declament contre les Ie-

& les mettent entre les superfluitez de l'Eglise ; tantost ils augmentent à l'infiny nos Priuileges, & en font des machines qui ostent le mouuement & l'estenduë à lEpiscopat, & offusquent la dignité du Sacerdoce : A chaque occasion ils font vne course sur nostre doctrine,& la chargent de mille impostures : & generalement ils nous déguisent en tant de manieres, & par tant de fausses suppositions ; qu'il n'y a rien d'estrange, si quelques Prelats en prennent ialousie, & s'ils nous mesconnoissent sous tant de fausses couleurs, & parmy tant d'ombrages. *suites deuant Nosseigneurs les Euesquez*

Mais graces à Dieu, le nombre est assez grand, de ceux qui ne se laissent pas offusquer de ces ombrages : & si les autres en croyoient ceux-là, qui ne sont ny les moins sçauans ny les moins zelez ; & qui d'ailleurs ont assez de lumiere & d'assez bons yeux pour reconnoistre la Verité, & la distinguer de la Calomnie ; ils n'auroient pas changé de Cœur pour nous ; ils auroient pour nos Ministeres, pour nos Priuileges, & pour nostre Doctrine les mesmes yeux, qu'ils auoient autrefois : & Charenton n'auroit pas profité des broüilleries qui sont arriuées. Qu'ils reprennent donc, s'il leur plaist, leurs premiers yeux, qu'on leur a changez ; & qu'ils nous iugent de l'Esprit qui leur est propre. Ils ne trouueront rien en tous ces trois Chefs, dont on leur fait si grand bruit, qui leur doiue donner de la ialousie.

Les ministeres des Iesuites sont pour le seruice des Prelats, & pour le bien de leurs Eglises.

Premierement nos Ministeres sont à leur décharge, & pour leur seruice : & agissant seulement comme leurs Subalternes, leur authorité n'en peut estre diminuée. Puis qu'ils ne peuuent pas estre par tout, & que tous seuls ils ne sçauroient faire toutes choses ; il ne leur doit point estre fascheux d'auoir des Gens qui soient en faction par leurs ordres, & agissent sous leur authorité : qui trauaillent iour & nuit à nettoyer la Bergerie, & à tirer les mauuaises herbes des Pasturages qui s'exposent aux dents des Loups & aux armes des Voleurs pour le salut du Troupeau : & pour tout cela, ne leur demandent aucune part au lait ny à la laine, & se contentent de leurs benedictions, & de leurs bonnes graces.

Quant à nos Priuileges, nous n'en

sommes pas les Autheurs, nous n'en auons pas dicté les termes, ny scellé les Bulles. Ce sont des aides que le sainct Siege a iugées necessaires à nos fonctions : ce sont des ordres d'vne Puissance superieure : & nous n'auons pas deu limiter ses pouuoirs, ny donner des bornes à nos seruices : nous n'auons pas deu luy marquer iusques où elle commanderoit, & iusques où nous obeyrons. Dauantage, s'il y a des immunitez & des exemptions en ces Priuileges, elles sont moins pour nous que pour les Peuples: nous n'en auons que les soins & les charges : & ie ne voy pas qu'il y ait suiet de prendre tant d'ombrages de nous, pour des graces qui passent bien par nos mains, mais qui n'y demeurent pas, & ne nous laissent que la peine & l'enuie de les auoir distribuées.

Les Priuileges des Iesuites sont moins des immunités pour eux, que des graces pour les Fideles.

En fin sçaurions-nous vser de nos Priuileges, ou auec plus de reserue, & moins d'ostentation que nous ne faisons? ou auec plus de deference & plus de respect enuers Nosseigneurs les Prelats? Nous a-t'on iamais oüy les defendre fierement & auec hauteur? Sçaurions-nous moins faire, sans estre

Ils n'en vsēt que modestement & auec le respect qu'ils doiuent

à Nosseigneurs les Euesques.

Deserteurs de nostre Commission, & sans violer la Souueraineté du Sainct Siege? On a voulu de nous vne declaration sur l'exercice de nos Ministeres; nous l'auons signée telle qu'on a voulu: & telle que nous l'auons signée, nous l'obseruons si ponctuellement, & auec des deferences si exactes & si religieuses, qu'vn Prelat des plus estimez du Royaume, en rendit encor il n'y a que six mois, dans vne Assemblée de nos Seigneurs les Euesques, vn tesmoignage qui nous doit valoir vn Acte public. Il dit qu'en tout son Diocese, il ne receuoit de personne vne obeïssance plus exemplaire, ny vne submission plus respectueuse & plus docile que celle que nous luy rédions. Il le dit sans en auoir esté prié de nous, & pour le seul interest de la Verité calomniée: il nous doit estre permis de le dire apres luy, auec le mesme esprit, & par le droit que nous donne la necessité d'vne iustification legitime & attenduë du Public. S. Paul persecuté par les faux Israëlites, fit bien vn dénombrement de ses souffrances & de ses bonnes œuures, & allegua ses Reuelations & ses Extases,

Pour ce qui est de la doctrine, qui est le troisiesme Chef sur lequel on nous veut broüiller auec eux ; il reconnoistront, ie m'asseure, quand il daigneront y faire reflectiō, qu'en cela encore il y a beaucoup d'innocence de nostre part, & beaucoup de malice de la part de nos Aduersaires.

La doctrine des Iesuites n'est point cōtraire à Nosseigneurs les Prelats.

On nous reproche le Liure du Pere Rabardeau, & la Censure qui en a esté faite à Rome. Comme nous sommes assez Catholiques, pour ne trouuer pas à dire aux Censures du sainct Siege ; nos Aduersaires deuoient estre assez François, pour ne nous faire pas vn crime, de l'obeïssance qu'vn d'entre nous a renduë aux volontez du ROY, & aux deliberations de son Conseil. Cela certes est bien étrange, que de tous les hommes, il n'y a que nous, à qui il n'est pas permis d'obeyr impunement aux Puissances Souueraines. Si le Pape par Bref exprés, & d'authorité absoluë, commande à vn Iesuite delà les Monts, d'écrire de sō pouuoir, & de ses pretensions ; nos Ennemis d'icy nous en font vn procés general : ils nous tirent deuant le Parlement : & trois mille François se trouuent crimi-

Du Liure du P. Rabardeau fait par le commandemēt du feu Roy.

Les Iesuites sōt toujours criminels, soit qu'ils obeyssēt au S. Siege, soit qu'ils obeïssēt à leurs Princes.

nels d'Estat, pour l'obeïssance qu'vn Italien a renduë au sainct Siege. Si le Roy, par l'auis de son Cõseil, fait commandement à vn Iesuite son Suiet, de defendre ce qu'il croit estre de ses droits, & de l'independance de sa Couronne; nos Aduersaires font citer son Liure en Cour de Rome, ils attisent contre luy tout ce qu'il y a de Censures & d'Excommunications en ce Pays-là: & d'vn seruice qu'vn Particulier n'a pû refuser à son Prince, ils font vne matiere d'Anatheme, qu'ils reiettent sur tout le Corps. Certes ils monstrent bien, que c'est nostre ruine qu'ils cherchent, & non pas l'eleuation de la Puissance spirituelle, ny l'affermissement de la Temporelle: & tel d'entr'eux pourroit bien estre si bon Heretique, & si mauuais François, qu'il souhaitteroit de les voir tomber l'vne & l'autre; à condition qu'elles nous écrasassent de leur chutte.

Du Liure du P. Cellot.

On nous reproche encore le Liure de la Hierarchie fait par le P. Cellot: & à moins que de parler deuant des Gens qui prennent le Latin pour du bas-Breton, il ne peut estre accusé d'auoir violé le respect qu'il doit à Nosseigneurs les Euesques. On n'en sçauroit tirer vne seule parole, qui sente le mépris, & il y a des Chapitres entiers, où il leur donne des parfums à pleines mains. Il y a des pages, d'où il se pourroit tirer assez de matieres pour les couronner tous, & leur faire plusieurs Panegyriques. Que si en quelques endroits, il parle honorablement de l'Ordre Religieux, Nosseigneurs les Euesques sont trop iustes, pour se persuader qu'on leur oste tout ce qu'on ne leur donne pas: & apres auoir receu tant de couronnes de la main de ce Pere, il ne seroit pas raisonnable, qu'ils luy enuiassent deux ou trois fleurs qu'il a retenuës pour luy, & pour les siens.

L'opiniõ imputée au Pere Sirmõd n'est pas de luy, & a des Euesques & des Docteurs qui l'ont enseignée.

Nos Aduersaires qui ne respectent ny les merites ny les années, meslent encore le P. Iacques Sirmond en cette broüillerie: & sur ce qu'on luy impute d'auoir escrit, que le Cresme n'est pas de l'essence du Sacrement de Confirmation; on nous veut faire passer pour des Gens qui trauaillẽt de toute main à deschirer les Mithres, & rompre les Crosses, à ruiner la dignité Episcopale. Mais certes, si pour vn Iesuite à qui

qui cette opinion est imputée, tous les autres sont coupables d'vn si grand attentat: il faut que Nosseigneurs les Euesques, fassent faire le procez à tout l'Ordre des Dominicains, sur les memoires de Melchior Canus, qui l'a soustenuë: il faut qu'ils mettent à l'Inquisition toute l'Vniuersité, & la fassent condamner sur la declaration de Iean de Vitric; & d'Aureolus Docteurs de Paris, qui l'ont laissée par escrit, & sur la Cofession mesme d'vn Docteur d'auiourd'huy qui l'a enseignée en Nauarre: il faudra encore qu ils se declarent eux mesmes violateurs de leurs droits, & deserteurs de leur dignité. Cette doctrine qu ils croyent leur estre si contraire, a esté publiée par Martin Perez Aiala, qui a esté Euesque, & qui a eu seance entre les Peres du Concile de Trente: & les Liures Anglois dont nos Ennnemis se sont seruis, pour allumer contre nous, vn feu qui n'a pû estre éteint depuis seize ans qu'il dure, portoient l'approbation d'assez d Euesques & d'Vniuersitez pour faire vn Concile.

Lib. de locis Theologicis. c.8

Aureolus in 4. dist.7.qu 1.

Iean de Vitriaco en son Histoir Occidentale chap.37.

Sum. de diuinis traditionibus. par 3. consider. 15.

Quoy qu'il soit de cette opinion; s'il plaist à Nosseigneurs les Prelats de se souuenir, que pour vn Iesuite qu'on en

L

accuse faussement, il y en a trois cens qui l'ont reprouuée: s'il leur plaist de considerer qu'elle ne leur oste rien: & que soit que le Cresme entre dans la Confirmation comme partie essentielle, soit qu'il y entre seulement comme partie necessaire à son integrité, pourueu qu'on auouë, comme font tous les Iesuites, que ce Sacremẽt ne se peut passer de la main de l'Euesque, l'Episcopat ne perd rien par là de sa dignité ny de son lustre: ils ne croiront plus aux Calomniateurs, qui leur veulent persuader, que les Iesuites trauaillent de toutes leurs mains à leur oster leurs Crosses. Il n'y a certes gueres d'apparence, que les Chiens qui exposent leur vie pour le Troupeau, voulussent desarmer les Pasteurs, & rompre leurs houlettes.

L'opinion imputee faussement au P. Sirmond, n'oste rien à Nosseigneurs les Euesques.

Quant au fait du P. Sirmond, l'Autheur du Liure intitulé *Petrus Aurelius*, se fust bien passé de luy faire vn si grand procez sus vn mot: & d'accuser d'heresie la plus haute & la plus modeste Science de ce Temps. La posterité qui le treuuera en toutes les Bibliotheques, & qui ioüyra de ses veilles long-temps apres sa mort, s'estonnera que toute

Le P. Sirmond, traité indignement.

l'Antiquité ressuscitée ait esté si mal traittée en sa Personne. Elle s'estonnera qu'il y ait eu des hommes gagez, pour ietter des pierres à vn Arbre chargé des fruicts de tant de Siecles: & ceux qui se souuiendront, auec quel respect les Anciens couronnoient les fonteines; treuueront bien indigne, qu'on ait employé tant de boüe à soüiller vne source, à laquelle les Sçauans de toutes les Nations iront boire.

SECTION XI.

Les Iesuites ne sont pas Autheurs des Liures d'Angleterre, qui ont offensé les Euesques.

LA principale batterie de nos Ennemis, est deux ou trois Liurets faits en Angleterre, & accommodez aux besoins & aux affaires de ce Pays-là. L'arriuee de l'Euesque de Chalcedoine donna lieu à la naissance de ces Liures: le Sacrement de Confirmation en fut le suiet: & la fin des Autheurs qui les firent, fut de monstrer que le temps n'estoit pas encore venu, d'enuoyer des Euesques à cette Eglise souffrante: & qu'il seroit à craindre que trop de bruit,

& vn trop grand éclat n'éueillassent la Beste assoupie, & ne rallumassent la persecution contre les Catholiques. Ces Liures ne furent pas plustost apportez en France, que nos Ennemis en firent vn crime general à toute nostre Compagnie: & en allumerent vn feu, dont la fumee éblouyt quelques Personnes mal informees de l'affaire, & tira des larmes à ceux qui ayment la concorde & l'vnion de l'Eglise.

La doctrine des Liures faits en Angleterre n'est pas la doctrine des Iesuites.

Quand les Autheurs de ce Liure seroient veritablement des nostres, leur doctrine seroit elle pour cela la commune doctrine de tout le Corps? & les Iesuites de France en deuroient-ils répondre pour ceux d'Angleterre? Nos Ennemis veulent-ils que Paris soit comtable pour Londres? veulent-ils que les sentimens de ce Pays-là soient les Originaux, & que ceux-d'icy ne soient que les Copies?

Ces Liures ont esté desauoüez par les Iesuites.

Mais nous auons declaré il y a long temps, que nous ne connoissions point ces Autheurs: que nous ne les croyons pas estre de nostre Compagnie: & encore aujourd'huy nous pouuons protester de bonne foy, qu'ils nous sont aussi inconnus qu'ils estoient auparauant. Cela seroit bien étrange, qu'vn Maistre qui n'a que huit Valets, en pûst méconnoistre quatre: & que nous fussions tenus de connoistre tout ce qu'il y a de Iesuites entre les deux Poles. Certainement le Iardin est trop fertile & de trop grande estenduë: & si nous n'en sçaurions connoistre tous les Arbres, il est bien iniuste de nous obliger à rendre compte de tous les fruits qu'ils portent, & à sçauoir le nombre de toutes les feuilles qui en tombent.

Les Autheurs de ces Liures peuuēt estre inconnus aux Iesuites.

Il arriue tous les iours des Liures publiez sans nom, comme des Enfās treuuez; on ne les attribuë pas à leurs vraies Meres, & on en accuse d'autres qui en sont innocentes, & qui sont peut-estre encore Vierges. Les Critiques disputent encore auiourd'huy de ce qui est d'Aristote, ou de Ciceron, & de ce qui n'en est pas: ils ont peine de reconnoistre les veritables & legitimes Enfans des Saincts Peres, & les distinguer d'auec ceux qu'on leur a supposez. Cependant il n'y a point de Freres qui se ressemblent, comme font les Ouurages de ces grands Hommes: ils ont tous le méme teint, les mesmes traits, & le mesme genie; & pour peu que l'on connoisse les

Peres, on ne peut méconnoistre les Enfans. Les sept principales Villes de l'ancienne Grece, ont esté en procés pour la naissance d'vn des plus illustres Autheurs du monde: & nous ignorons encore laquelle a esté sa Mere. Toutes les Nations ont admiré la Sentence qui fut renduë par Salomon, sur le different de deux Femmes qui disputoient d'vn mesme Enfant : elles n'estoient que deux, & toutes deux estoient pretendantes : & neantmoins le plus sage & le plus illuminé des Hommes, eut besoin de toute sa sagesse & de toutes ses lumieres, pour distinguer la vraye Mere d'auec la fausse.

Quelle merueille donc, que deux ou trois Liures composez en cachette, & par des Autheurs inconnus & nouueaux, nous ayent esté imputez faussement, & auec malice : & qu'apres cette imputation, & vn Faiseur de Recueil mal informé, leur ayt donné lieu dans sa Bibliotheque ? Il s'est bien mépris en d'autres, à qui il a donné rang dans le mésme Recueil : & sans aller plus loin, il y a encore auiourd'huy en France des Autheurs viuans, à qui il attribuë des Liures, qui sont encore à naistre, & qui ne naistront iamais s'ils ne naissent d'autres Peres.

Quant à l'approbation de nostre P. General, dont nos Ennemis font vne piece decisiue de l'affaire, ce n'a pas esté vne approbation iuridique, & fondee sur vne enqueste legitime: ce n'a esté qu'vne simple permission d'imprimer ce Liure, qui n'estant qu'vne liste, où il s'agissoit du denombrement & non pas de la doctrine des Autheurs, n'auuoit pas besoin d'estre sousmis à vne inquisition exacte; ny par consequent d'estre approuué iuridiquement & selon les formes ordinaires. Il n'y falloit que la diligence d'vn Faiseur de Table, & la diligence la plus scrupuleuse & la plus critique y pouuoit estre trompee. Nosseigneurs les Euesques qui ont veu ces raisons, ont tesmoigné solennellement estre satisfaits du nouueau desaueu que nous auons fait de ces Liures: & puisque nous n'y prenons aucune part, comme nous n'auons pas dû en defendre la doctrine en ce Manifeste; nous n'auons pas dû aussi la cōdamner, & violer par là l'obeissance, & le respect que nous deuons au Sainct Siege. Il s'en est reserué le iugement, &

Le Pape s'est reserué le iugement & la censure de ces Liures.

a frappé d'excommunication tous ceux qui l'entreprendroient sur luy, & en disputeroient, mesme opiniatrement & auec contumace. Mais nostre aduersaire croit que les foudres des Papes, ne sont que des foudres de carte peinte: & ne craint pas plus leurs tonnerres, que ceux qui se font auec les machines des Theatres.

Vobis vniuersis, sub pœna excõmunicationis lata sententia præcipimus, ne vlterius litẽ super prædictis cõtrouersiis, præterquam apud Sedem Apostolicam intentetis, aut easdem quocumque modo vrgeatis, &c. De la Bulle de nostre S. Pere enuoyee à l'Euesque de Calcedoine l'an 1632 9. de May.

Toute matiere luy est bonne à faire des armes contre nous: & pour auoir des pierres à nous ietter, il casseroit les Autels & mettroiẽt en pieces les Tombeaux des Saincts. Il fait accroire pourtant, que les pieces ne luy manquent point, que le choix luy a fait plus de peine que l'equeste: & qu'il n'a produit qu'vn échantillon de ce qu'il auoit à produire. Il a certes raison de parler ainsi; & ie ne treuue en cette Calomnie generale, ny paradoxe ny hyperbole. Il pouuoit estre imposteur sur tous les Articles du Symbole, il pouuoit estre faussaire sur tous les points de la Foy, comme il l'a esté en toutes les propositions qu'il a produites. Et s'il ne nous a pas faits heretiques en tous ces Chefs, c'est vne obligation que nous luy auõs. Quãd il voudra se declarer, nous luy en passerõs vn acte solennel : & le Peuple sçaura qu'il nous a épargné autāt de calomnies qu'il luy restoit de gouttes d'ācre à employer.

Aprés ce Manifeste publié, s'il reste encore contre nous des Passions intraitables, & des Erreurs opiniâtres & indociles, nous les laisserons à la Prouidence de Dieu & au iugement des Sages. Nous ne nous sommes pas obligez de donner d'autres cœurs, & de faire de nouueaux yeux à des aueugles, qui aiment mieux la nuit que la lumiere : nous n'auons pas promis d'enchanter des Aspics, qui veulent estre sourds, comme parle l'Escriture, & qui de peur de nous entēdre, ont bouché leurs oreilles de leur venin & de leur queuë. Il y auroit du miracle en cela, & nous n'auons ny assez de vertu pour en faire, ny assez de presomption pour en prometre. Il suffit que le public ait receu l'éclaircissement, qu'il attēdoit de nous sur toutes ces calomnies : & nous croirons estre bien iustifiez, quand la plus saine partie se rendra à la Raison, & sera pour nostre innocēce. Nous en voudrions trop, si nous vouliõs que tout le monde fust pour nous. La Verité s'est tousiours contentée du petit nombre, & a laissé à l'Erreur le tumulte & la foule.

Ie pense auoir défait les principales Calomnies de nos Aduersaires : celles qui sont demeurées derriere, seront biẽ tost abbatuës par vn autre, qui entrera dans la mesme Lice auec de meilleures armes que les miẽnes. Les Spectateurs iugeront comme il leur plaira de ce que i'ay fait : ie n'attens d'eux ny loüage ny applaudissement : c'est assez que i'aye la gloire d'auoir entrepris ce combat par obeyssance. Ce ne sont pas tousiours les plus forts ny les plus braues, qu'on expose les premiers à la teste des Armées. Goliat ne fut pas défait par Saül, ny par ses Lieutenans : ce fut vn Berger qui le vainquist, & ce Berger encore estoit si peu fait aux Armes, qu'il ne sçauoit manier que sa houlette & sa fonde. Il entra au combat fortifié de l'inspirationde Dieu : & ie me suis presenté en sõ nom, & par le commãdement de ceux qui me gouuernent de sa part. De ce costé la, si ie ne puis pretendre aux couronnes des vaillãs & des aguerris ; ie puis au moins esperer quelque feüille de celles qui sõt promises à ceux qui obeyssent.

Vir obediens loquetur victorias. Prov. 22.

Pour le moins on ne me reprochera pas d'auoir empoisonné mes armes : & passé les bornes que l'Honneur & la Charité ont marquées aux combats necessaires & legitimes, Ie n'ay pas voulu repousser les iniures par d'autres iniures & ie croirois auoir corrõpu l'équité de nostre cause, si i'auois meslé de l'aigreur à la raison : & terminé par la vengeãce, ce que i'ay commencé par deuoir & par iustice. Aussi, bien loin de faire l'Agresseur, & de pousser trop auant nos Aduersaires, ie me suis contenté de parer à leurs coups, sans en tirer vn seul, & me suis tenu dãs les termes de la simple defense. Ce n'est pas que nous manquions de bonnes pieces de batterie : & nous pouuions biẽ les obliger à recourir chez eux en desordre, & à quitter les Requestes, & les Inuectiues, pour prendre à leur tour les Iustifications & les Apologies. Mais l'Innocẽce n'attaque iamais, elle se contentente de tenir ferme sur le sien : & des deux parties de la Guerre, elle ne sçait que celle qui apprend à resister, & à se defendre.

Quand ie serois de l'Vniuersité, ie n'ẽ aurois pû parler auec plus d'estime, ny en termes plus magnifiques. C'est vn

Corps illustre, & qui a d'exellẽtes parties : i'en cõnois mesme quelques-vnes des plus nobles : & le respect que ie porte à celles là, m'a fait espargner le nom & la reputacion des autres, qui ne sont ny si honnorables, ny si modestes. On ne nous peut reprocher d'auoir produit mal à propos feu Monsieur Du Val en cette cause : le droit, la raison, la necessité nous y ont obligez ; & il s'en faut prẽdre à ceux qui nous ont poussez iusque là, par leur animosité & par leurs Requestes reiterées. Ce n'est pas violer vn Monument que d'en faire vn Azile ; on en fait bien autant des Autels : & vn homme poursuiuy se sauue bien dans vne Eglise.

Apres tout, si la Doctrine est innocẽte, on a point fait de tort à Monsieur du Val de la tirer de ses Liures : & on n'a pû, sans vne extreme iniustice, nous en faire vn crime. Si elle est scandaleuse, il estoit de la prudence de nos Aduersaires de la supprimer, pour l'honneur de ce grand Homme : & ils ne deuoiẽt pas nous reprocher vne tache d'vn petit doigt, en ayant eux mesmes vne si remarquable à la teste.

Ils n'ont pas esté plus reseruez à nous

imputer les autres : & pour ne toucher point à celles qui sont les plus odieuses, & qui ont esté frappées tant de fois des Arrests du Parlemẽt : ils ont voulu noircir la viellesse & l'innocence du P. Bauny, & l'ont fait passer pour le grand Patron des mauuaises Banques, & le Docteur Tutelaire des Vsuriers, sur ce qu'il a enseigné qu'on pouuoit faire profiter son argent par le moyẽ de trois Contracts, qui ont l'approbation des plus seueres Docteurs, & par vn quatriesme, où ils entrent sans alteration, & sans aucune tache d'vsure. Il n'est pas le premier Autheur de cette doctrine : il l'a apprise de la Mere mesme de nos Aduersaires : & Maior, qui est leur Aisné de plus de cent ans, l'a appuyée de son nom & de son credit, & l'a introduite en France. Cét Article sera pleinemẽt verifié par vn autre : neãtmoins afin qu'on sçache que ie suis Rapporteur de bonne foy, & que les pieces que ie produits ne sont pas supposées, ceux qui ont les Oeuures de Maior le pourront interroger là dessus, & sçauoir si ie luy en fais acroire.

Maior distinct. 15. quaest. 49.

Cependant nos Aduersaires nous reprochent cette doctrine, ils en font vne tache generale, & ne prennent pas garde que si c'est vne tache, celuy qu'ils en accusent l'a prise chez eux, & s'est gasté par la communication qu'il a euë auec leurs Freres. Il est certes bien honteux, qu'ils soient si estrangers en leur propre Maison : & qu'ayant l'honneur d'estre d'vn si noble Corps, ils en connoissent si mal les principales parties. Nous esperós qu'à l'auenir ils seront plus considerez : ils prendront garde de ne s'exposer pas aux armes d'vne patiēcē irritée & pour conclure par vn mot de l'Euangile, ils ne s'auanceront plus de nous tirer des pailles des yeux, s'ils ne veulent bien que nous leur en tirions des poutres.

FIN.

www.ingramcontent.com/pod-product-compliance
Ingram Content Group UK Ltd.
Pitfield, Milton Keynes, MK11 3LW, UK
UKHW022100190726
13855UKWH00002B/564